讲传统
强作风
干实事

刘玉瑛　王文军◎著

新华出版社

图书在版编目（CIP）数据

讲传统 强作风 干实事 / 刘玉瑛，王文军著.
北京：新华出版社，2021.5（2025.3重印）
ISBN 978-7-5166-5817-8

Ⅰ.①讲⋯ Ⅱ.①刘⋯ ②王⋯ Ⅲ.①中国共产党－党风建设－学习参考资料 Ⅳ.①D261.3

中国版本图书馆CIP数据核字(2021)第079068号

讲传统 强作风 干实事

著　　者：刘玉瑛　王文军	
选题策划：黄春峰	封面设计：刘宝龙
责任编辑：赵怀志　沈文娟　祝玉婷	

出版发行：新华出版社
地　　址：北京石景山区京原路8号　　邮　　编：100040
网　　址：http://www.xinhuapub.com
经　　销：新华书店、新华出版社天猫旗舰店、京东旗舰店及各大网店
购书热线：010－63077122　　中国新闻书店购书热线：010－63072012
照　　排：六合方圆
印　　刷：大厂回族自治县众邦印务有限公司
成品尺寸：170mm×240mm
印　　张：15　　　　　　　　　　　字　　数：211千字
版　　次：2021年6月第一版　　　　印　　次：2025年3月第二次印刷
书　　号：ISBN 978-7-5166-5817-8
定　　价：48.00元

版权专有，侵权必究。

前 言

2021年3月1日，2021年春季学期中共中央党校（国家行政学院）中青年干部培训班开班仪式在中央党校举行。习近平总书记出席开班仪式并发表了重要讲话。他在讲话中强调："不论过去、现在还是将来，党的光荣传统和优良作风都是激励我们不畏艰难、勇往直前的宝贵精神财富。"他还要求党员、党员干部特别是年轻干部"立志做党的光荣传统和优良作风的忠实传人"。

中国共产党在诞生一百年的光辉历程中，培育并坚持了一整套光荣传统和优良作风，这些光荣传统和优良作风也是党团结带领人民取得革命、建设、改革伟大成就的关键奥秘所在。

当今世界，百年未有之大变局正在加速演进，我国建设社会主义现代化国家新征程全面开启，正处在实现中华民族伟大复兴的关键时期，前进道路上难免会遭遇各种各样的难关、风险和挑战。这就需要"用党的奋斗历程和伟大成就鼓舞斗志、明确方向，用党的光荣传统和优良作风坚定信念、凝聚力量，用党的实践创造和历史经验启迪智慧、砥砺品格"。这也是2021年2月20日习近平总书记在党史学习教育动员大会上总结的党的经验和对全党提出的现实要求。

为深入贯彻落实习近平总书记的重要讲话精神，并结合正在开展的党史学习教育活动，我们撰写了《讲传统　强作风　干实事》一书。

该书紧密结合习近平总书记重要讲话精神，注重从党的百年历史中汲取丰富滋养，系统梳理了党的光荣传统和优良作风的形成发展脉络，深刻阐述了新时代党员、党员干部学习和弘扬党的光荣传统和优良作风的价值意义，着重从理论和实践两个层面，通过故事化的话语表达，深入浅出地解析了对党忠诚、理论联系实际、密切联系群众、批评和自我批评、敢于斗争、艰苦奋斗等党的光荣传统和优良作风。

该书有两个特点：一是讲道理和讲故事相结合，在重大观点上坚持以党的创新理论为指导，增强权威性；在写作内容上注重运用党的历史中的典型案例，增强可读性。二是讲党史与讲现实相结合，从党的百年奋斗历程中总结提炼出党的光荣传统和优良作风方面的基本经验、基本做法，目的就在于观照现实、强化作风、推动工作，解决实际问题。

我们希望该书能够对党员、党员干部特别是年轻干部增强学习和弘扬党的光荣传统和优良作风的政治自觉、思想自觉、行动自觉有所启发、有所借鉴，从而自觉加强作风建设，以好的作风振奋精神、激发斗志、树立形象、赢得民心，努力创造无愧于党、无愧于人民、无愧于时代的业绩。

该书既适合做党史学习教育的参考书目，也适合做各级党校、各级党组织对党员、党员干部特别是年轻干部的培训教材。

该书所引用的史料均依据习近平《论中国共产党历史》《中国共产党历史》等权威读本，取材于新华网、中国政府网、《人民日报》等权威媒体。这些资料大多在引用时已有注明，在此向原作者表示真诚的感谢。

同时，我们也非常感谢新华出版社的黄春峰先生。本书由他策划，他为本书的"问世"付出了辛勤的劳动。

刘玉瑛　王文军

2021年3月30日

目 录
CONTENTS

第一章
党的光荣传统和优良作风的形成与发展

一、党的光荣传统和优良作风的开创 / 3

二、党的光荣传统和优良作风的形成 / 6

三、党的光荣传统和优良作风的成熟 / 9

四、党的光荣传统和优良作风的发展 / 12

第二章
党的光荣传统和优良作风的价值意义

一、党的光荣传统和优良作风的理论价值 / 23

二、党的光荣传统和优良作风的时代价值 / 29

三、党的光荣传统和优良作风的实践价值 / 36

第三章
对党忠诚是共产党人首要的政治品质

一、对党忠诚是党对共产党人始终如一的要求 / 47

二、以坚定的理想信念砥砺对党的赤诚忠心 / 55

三、自觉加强政治历练，提高"政治三力" / 62

四、以实际行动诠释对党的忠诚 / 69

第四章
理论联系实际是党和人民事业取得胜利的保证

一、学懂弄通理论，掌握思想真谛 / 79

二、搞好调查研究，了解客观实际 / 84

三、坚持真抓实干，狠抓工作落实 / 91

四、做老实人，说老实话，干老实事 / 96

第五章
密切联系群众　始终以百姓心为心

一、充分认识人民群众的历史主体地位 / 105

二、坚持党的群众路线 / 108

三、坚持当"老百姓的官" / 114

四、增强群众工作本领 / 118

第六章
批评和自我批评的武器一定不能丢

一、共产党人开展批评和自我批评的原则要求 / 127

二、共产党人开展自我批评的动力来源 / 133

三、共产党人要勇于开展自我批评 / 138

四、共产党人要敢于开展批评 / 144

五、共产党人要正确对待批评 / 149

第七章
敢于斗争是中国共产党的鲜明品格

一、党依靠斗争走到今天 / 157

二、党必然依靠斗争赢得未来 / 166

三、自觉加强斗争历练 / 170

四、要善斗争、会斗争 / 176

第八章
接过艰苦奋斗的接力棒

一、党的历史就是艰苦奋斗的历史 / 185

二、在新征程中留下许党报国的奋斗足迹 / 193

三、坚持节俭朴素，力戒享乐奢靡 / 200

四、培育积极健康的生活情趣 / 206

第九章
做党的光荣传统和优良作风的忠实传人

一、增强传承党的优良传统和作风的自觉性 / 215

二、善于从党的光荣传统和优良作风中汲取力量 / 218

三、努力在新时代新征程中奋勇争先建功立业 / 222

参考文献 / 228

第一章

党的光荣传统和优良作风的形成与发展

党的传统是从党的历史传延下来的思想、文化、制度以及行为方式等，是党的历史发展继承性的表现。

党的作风是党的组织及其成员在革命、建设、改革事业中处理党内外各项事务时，所表现出来的一贯的态度和相对稳定的行为，是党的理论和党的路线、方针、政策在党的组织及其成员言行中的具体体现。

党在长期革命、建设和改革实践中，培育并坚持了一整套光荣传统和优良作风，这些光荣传统和优良作风，保证了党领导全国人民实现了从站起来、富起来到强起来的伟大飞跃。

一、党的光荣传统和优良作风的开创

中国共产党作为以马克思主义为指导思想的无产阶级政党，其光荣传统和优良作风是伴随着无产阶级政党的诞生而产生的，并伴随着无产阶级政党的发展而发展的。

（一）世界第一个国际无产阶级政党

1847年6月，马克思和恩格斯在英国伦敦创建了世界第一个国际无产阶级政党——共产主义者同盟。《共产党宣言》就是马克思和恩格斯为共产主义者同盟起草的科学共产主义的纲领性文件。

《共产党宣言》虽然没有明确提出党的作风这一概念，但在论述党的理论和实践中已经内含了丰富的党的作风的思想。

《共产党宣言》明确宣称："过去的一切运动都是少数人的或者为少数人谋利益的运动。无产阶级的运动是绝大多数人的、为绝大多数人谋利益的独立的运动。""共产党人的最近目的是和其他一切无产阶级政党的最近目的一样的：使无产阶级形成为阶级，推翻资产阶级的统治，由无产阶级夺取政权。""共产党人可以把自己的理论概括为一句话：消灭私有制。"

这就毫不掩饰地表明马克思主义政党的阶级性，旗帜鲜明地站在了无产阶级和广大人民群众一边，充分肯定了人民的历史主体地位，充分体现了马克思主义政党的根本性质、宗旨和奋斗目标。

《共产党宣言》还通篇彰显了共产党人敢于斗争、勇于担当的政治品格。"无产阶级，现今社会的最下层，如果不炸毁构成官方社会的整个上层，就不能抬起头来，挺起胸来。""共产党人不屑于隐瞒自己的观点和意图。他们公开宣布：他们的目的只有用暴力推翻全部现存的社会制度才能达到。"

（二）列宁对党的作风思想的贡献

列宁继承和发展了马克思和恩格斯关于党的作风的思想，提倡革命胆略和求实精神相结合的工作作风，提倡密切联系群众，反对教条主义和官僚主义的工作作风。他还在《论策略书》中指出了教条主义的危害。他说："现在必须弄清一个不容置辩的真理，就是马克思主义者必须考虑生动的实际生活，必须考虑现实的确切事实，而不应当抱住昨天的理论不放，因为这种理论和任何理论一样，至多只能指出基本的和一般的东西，只能大体上概括实际生活中的复杂情况。"

列宁不仅坚决反对教条主义，对官僚主义更是深恶痛绝。他曾经大声疾呼，共产党员成了官僚主义者。如果有什么东西会把我们毁掉的话，那就是这个。他对官僚主义者的处理也绝不手软。

一次，几个农民为申诉地方政府非法征用他们的马匹，写了两封请愿书给人民委员会总务处。总务处把请愿书交给野总司令部动员委员会审查，动员委员会把信转给首都事务特别委员会，特别委员会又把请愿书退回人民委员会。并在信封上写道："工作太忙，根本没有功夫来管这些琐事。"

这两封请愿书在三个机关转了三个星期，什么问题也没有得到解决。

列宁得知此事之后，非常气愤，当即给国家监察部负责人写了一张便条，建议"把写这个批语的官僚逮捕起来"。

（三）中国共产党光荣传统和优良作风的良好开端

中国共产党是马克思列宁主义与中国工人运动相结合的产物。马克思列宁主义与中国工人运动的结合，开创了中国共产党光荣传统和优良作风建设的良好开端。中国具有初步共产主义思想的先进知识分子是把马克思列宁主义与中国工人运动结合起来的纽带和桥梁。

中国共产党主要创始人之一的李大钊（1889年10月29日—1927年4月28日），就是在中国早期传播马克思主义的先进知识分子。

1919年，李大钊撰写的《我的马克思主义观》刊登在《新青年》杂志上。

为什么要介绍马克思主义？李大钊在《我的马克思主义观》一文中开宗明义："自俄国革命以来，'马克思主义'几有风靡世界的势头，德奥匈诸国的社会革命相继而起，也都是奉'马克思主义'为正宗。'马克思主义'既然随着这世界的大变动，惹动了世人的注意，自然也招了很多误解……我们把这些零碎的资料，稍加整理，乘本志出'马克思研究号'的机会，把他转介绍于读者，使这为世界改造原动的学说，在我们的思辨中，有点正确的解释，吾信这也不是绝无裨益的事。"

李大钊之所以要介绍马克思主义，就是要"使这为世界改造原动的学说，在我们的思辨中，有点正确的解释"。

中国共产党农民运动的主要领导人之一彭湃也是在中国早期传播马克思主义的人。彭湃曾经东渡日本留学，回国后从事农民运动。他为了跟农民交朋友，摘下了白通帽，戴上尖顶竹笠，脱下鞋子，光着脚板，带着农民爱用的旱烟筒，到农民中去，用通俗易懂的语言和农民交谈，向他们传播马克思主义，启蒙农民。

李大钊、彭湃们最先接受了马克思列宁主义，并进行传播，用马克思列宁主义的思想光辉,照亮了黑暗的中国大地;他们深入工人、农民中间,同工人、农民群众交朋友,了解他们的疾苦,向他们讲解革命的道理,启发他们的政治觉悟。通过同工人、农民群众的联系,他们也亲眼看到了工人阶级和农民力量的伟大,并深刻认识到只有与工农劳动者阶级保持密切的联系,才能拯救中国,改造中国,取得革命的成功。这是党密切联系人民群众的初步尝试,也是党的优良传统和作风建设的良好开端。

二、党的光荣传统和优良作风的形成

在中国共产党诞生之前的马克思主义传播过程中,虽然马克思主义传播者对密切联系人民群众进行了初步尝试,使党的光荣传统和优良作风建设有了良好的开端,但真正形成则开始于党的"一大"和其后的若干年。

(一)党的光荣传统和优良作风基本思想的确立

1921年7月23日至8月初,中国共产党第一次全国代表大会在上海召开。大会宣告了中国共产党的成立,并通过了《中国共产党的第一个纲领》(以下简称《纲领》)和《中国共产党的第一个决议》(以下简称《决议》)。

《纲领》(俄文版)不仅对党的名称、性质、奋斗目标做了明确规定,还强调:"革命军队必须与无产阶级一起推翻资本家阶级的政权,必须支援工人阶级,直到社会的阶级区分消除为止。""本党承认苏维埃管理制度,把工农劳动者和士兵组织起来。"

《决议》也开宗明义:"本党的基本任务是成立产业工会"。《决议》还强调:"对于手工业工会,应迅速派出党员,尽快进行改组工作。"

这实际上就是密切联系广大工人群众,加强党同人民群众紧密联系的思想。

《纲领》（俄文稿）还规定了党员的入党条件和手续："凡承认本党纲领和政策，并愿成为忠实党员的人，经党员一人介绍，不分性别、国籍，均可接收为党员，成为我们的同志。但在加入我们队伍之前，必须与企图反对本党纲领的党派和集团断绝一切联系。"

《决议》则强调："一切书籍、日报、标语和传单的出版工作，均应受中央执行委员会或临时中央执行委员会的监督。每个地方组织均有权出版地方通报、日报、周刊、传单和通告。不论中央或地方出版的一切出版物，其出版工作均应受党员的领导。任何出版物，无论是中央的或地方的，均不得刊登违背党的原则、政策和决议的文章。"

显而易见，这强调的都是加强党的领导和对党的忠诚。

这些要求和规定充分说明，中国共产党第一次全国代表大会已经确立了党的光荣传统和优良作风建设的基本思想。

（二）党的光荣传统和优良作风建设理论开始形成

1922年7月16日，中国共产党在上海召开了第二次全国代表大会。大会通过了《中国共产党章程》和有关决议，并发表了《中国共产党第二次全国代表大会宣言》。

党的二大阐明了"革命的动力是无产阶级、农民和其他小资产阶级，民族资产阶级也是革命的力量之一"，强调必须把中国共产党建设成为有广泛群众基础的无产阶级政党，党必须深入到群众斗争中，党的一切活动都必须依靠广大的人民群众，党要在群众斗争的实践中加强自身的建设；它强调党员的言行必须符合党的要求，"须牺牲个人的感情意见及利益关系以拥护党的一致"，决不允许离开党的原则和立场去独立活动；它强调党是由无产阶级先进分子组成的无产阶级先锋队，不能把它混同于一般的群众组织，因此，要时刻保持党的无产阶级先锋队的性质。

这些规定进一步发展了党的"一大"提出的党的作风建设的基本思想。

北伐战争时，中国共产党与中国国民党实行第一次合作。为保持在政治上、思想上、组织上的独立性，中国共产党在1923年召开的第三次全国代表大会上确定了加强党的自身作风建设的重要原则，规定共产党在加入国民党时，必须在组织上、政治上、思想上保持独立性，必须维护劳动者阶级的根本利益。

1925年，党的"四大"则进一步提出了党在统一战线中的作风建设问题，强调党必须代表和关心工人阶级和农民阶级的根本利益；强调党的各级组织和党员要深入群众、开展群众工作，在工农劳动群众中进行宣传教育，通过在工农劳动群众中的政治教育和组织工作，来密切党与群众的联系。

1927年3月，毛泽东发表了《湖南农民运动考察报告》。《湖南农民运动考察报告》的发表，标志着中国共产党光荣传统和优良作风建设理论开始形成。它开创了党的调查研究之风，为党的群众路线的形成奠定了思想理论基础。

（三）党的光荣传统和优良作风建设理论初步形成

1927年8月7日，党中央在汉口召开了紧急会议，这次会议就是著名的"八七会议"。会议彻底清算了陈独秀的右倾机会主义和"家长制"作风，确定了土地革命和武装反抗国民党反动派的总方针，党的工作中心由城市转向农村。党的工作中心的转变，要求党的自身建设也要随之转变，以适应斗争形势的要求。因此，抵制和克服农民小资产阶级思想意识和不良作风就成了当时党的作风建设的一项重要任务。

1927年10月，毛泽东在井冈山创建了第一个农村革命根据地。根据地的创建，使党的群众路线得到了进一步的贯彻落实，党关心群众、爱护群众、依靠群众的优良作风得到了更进一步的体现，"三大纪律，八项注意"的制定就是充分的例证。

在井冈山斗争时期，毛泽东进行了大量的社会调查。他所撰写的《兴国调查》《水口调查》《必须注意经济工作》《关心群众生活，注意工作方法》等文章，进一步丰富和发展了党的群众路线的理论。

1928年6月，中国共产党第六次全国代表大会在莫斯科召开。大会批判了党内的极端民主主义倾向，提出了加强党的集体领导核心问题，加强党内的政治生活问题；大会批判了党内的惩办主义倾向，提出了正确开展党内批评和斗争问题；大会批判了群众工作中的命令主义、尾巴主义倾向，提出说服群众、争取群众问题。

1929年12月，红四军第九次党代表大会在福建上杭县的古田镇举行。大会通过了毛泽东起草的《古田会议决议》。《古田会议决议》分析了红四军党内存在着的种种错误思想意识和不良倾向产生的原因，要求党的组织要开展反对各种错误思想意识的积极斗争，提出了正确开展党内批评的原则和方法。《古田会议决议》是党的作风建设的纲领性文献，它的产生标志着党的作风建设理论及党的光荣传统和优良作风的初步形成。

古田会议之后，党内的教条主义开始滋长盛行，这给党的作风建设带来了极大的危害。针对这种现状，1930年5月，毛泽东发表了《反对本本主义》一文，对教条主义进行了深刻的分析和批判，提出必须坚持理论联系实际的优良作风。这从理论与实践的结合上发展了党的作风建设理论。

三、党的光荣传统和优良作风的成熟

党的光荣传统和优良作风自遵义会议之后，到延安整风时期不断地走向了成熟。其成熟的标志，是形成了理论和实践相结合的光荣传统和优良作风、和人民群众紧密地联系在一起的光荣传统和优良作风以及自我批评的光荣传统和优良作风。

（一）党的光荣传统和优良作风的推进

1935 年 1 月，红军第五次反"围剿"失败，长征初期也严重受挫。为了纠正博古、王明、李德等人在军事指挥上的"左"倾错误路线，中共中央政治局于当月 15 日至 17 日在贵州遵义召开了扩大会议，史称"遵义会议"。遵义会议纠正了"左"倾冒险主义错误。

会议号召全党同志，"以布尔什维克的坚定性反对一切张皇失措与悲观失望的右倾机会主义，首先反对单纯防御路线，像一个人一样团结在中央的周围，为党中央的总路线奋斗到底"。[1]

遵义会议是我们党历史上一次意义非常重大的会议。它确立了以毛泽东同志为核心的党中央的正确领导，使党的建设进入了一个全面发展的新阶段，党的光荣传统和优良作风建设也开始走向成熟。

遵义会议之后，党内又发生了张国焘右倾分裂主义和军阀主义。我们党与此进行了坚决斗争，推进了党的光荣传统和优良作风建设。

张国焘（1897—1979 年）早年参加中国共产党，是中共"一大"代表，并当选为中央局成员，分管组织工作。

1928 年他赴苏联参加中共六大，在六届一中全会上当选为中央政治局委员，会后作为中共驻共产国际代表留驻莫斯科。

1931 年初，张国焘从苏联回国，任中央政治局常委，后到鄂豫皖革命根据地工作，任中共鄂豫皖苏区中央分局书记兼军事委员会主席。同年 11 月，他当选为中华苏维埃共和国临时中央政府副主席。

1935 年 6 月，他率红军第四方面军在四川省懋功（今为小金县）与毛泽东率领的红军第一方面军会师，任红军总政治委员、中央军事委员会副主席。会师后，他反对中央关于北上建立川陕甘革命根据地的方针，并要

---

[1]《中共中央关于反对敌人五次"围剿"的总结的决议（遵义会议决议）》，中共贵州省委党史研究室网站。

求改组中共中央。

1935年9月,他擅自率8万红军南下,10月在绰木碉自立中央,公开打出分裂党和红军的旗号。

1938年4月4日,他借国共双方共同祭拜黄帝陵的机会,支开随行人员,仅带上一个警卫人员,上了国民党方面的车,叛党投敌。4月18日,中共中央决定将张国焘开除出党。

(二)党对光荣传统和优良作风提出新要求

1931年9月18日,日军进攻沈阳,"九一八"事变爆发。"九一八"事变,使中国共产党领导革命的任务、对象、环境等都发生了重要变化。为适应这种变化,党对光荣传统和优良作风建设提出了新的要求。1935年12月在陕北瓦窑堡举行的政治局扩大会议,提出了必须在组织上去扩大与巩固党的方针,要求加强对新党员的教育和培养。

为了抗击日本侵略者,1937年,国共两党进行了第二次合作,形成了抗日民族统一战线。抗日民族统一战线内部的激烈斗争给中国共产党的光荣传统和优良作风建设提出了新的任务。我党面临着抵制资产阶级腐蚀影响的严峻考验。此时,抵制资产阶级的腐蚀影响,使党员继续保持共产党人的光荣传统和优良作风,就成了党的作风建设的重要任务。我党同党内出现的腐化现象和腐败堕落分子进行了坚决的斗争,维护了党的纯洁性。

(三)党的光荣传统和优良作风全面形成

在探索党的光荣传统和优良作风建设规律的理论和实践中,毛泽东为党的光荣传统和优良作风建设做出了巨大贡献。1937年七、八月间,他先后写出了《实践论》和《矛盾论》,从理论的高度深刻地批判了党内一部分同志所存在的经验主义,尤其是王明等人的主观主义、教条主义,为确立党的理论联系实际的光荣传统和优良作风提供了理论依据；1937年9月，他又写出了《反对自由主义》一文，进一步丰富和发展了反对党内错误思想和不良作风的重要思想；1941年《〈农村调查〉的序言和跋》和《改造我们的学习》的发表，以及在延安整风期间，《整顿党的作风》《反对党八股》的发表，则系统地阐述了"实事求是"的思想路线，阐述了理论联系实际的作风，并进一步丰富和发展了党的群众路线的重要思想。

1942年开展的延安整风运动，标志着党的光荣传统和优良作风的全面形成和成熟。党风的概念，就是毛泽东在此时提出来的。1942年2月1日，中共中央党校举行开学典礼。在开学典礼上，毛泽东同志作了《整顿党的作风》的演讲。在演讲中，他针对当时党内存在着的主观主义、宗派主义和党八股这三种"从防空洞里跑出来"的"逆风""歪风"，提出了"反对主观主义以整顿学风，反对宗派主义以整顿党风，反对党八股以整顿文风"的任务，并强调指出："学风和文风也都是党的作风，都是党风。"

通过延安整风，使主观主义、宗派主义和党八股这三种不良的作风得到了整顿，使党的作风建设理论、党的光荣传统和优良作风得以全面地形成。这就是毛泽东同志在党的"七大"的政治报告中所概括的：理论和实践相结合的作风，和人民群众紧密地联系在一起的作风以及自我批评的作风。

四、党的光荣传统和优良作风的发展

党的光荣传统和优良作风的全面形成与成熟，为党保持先进性和纯洁性打下了坚实的基础，但中国共产党是一个在党的自身建设上永不停止的马克思主义政党，因此，在这一坚实的基础上，党又把光荣传统和优良作风推向一个新的高度。

（一）党的光荣传统和优良作风进一步发扬

1945年10月17日，毛泽东从重庆回到延安以后，在延安干部会上做了《关于重庆谈判》的报告。在报告中，他在分析了目前时局的状况与发展之后，告诉党的干部，"我们是为着解决困难去工作、去斗争的。越是困难的地方越是要去，这才是好同志。"[1] 他还号召党的干部"不论到什么地方，都要把和群众的关系搞好，要关心群众，帮助他们解决困难"[2]。

1949年3月5日至13日，在全国革命即将取得胜利之际，中国共产党在河北省平山县西柏坡村召开了七届二中全会。3月5日，毛泽东代表中央政治局在会上作了《在中国共产党第七届中央委员会第二次全体会议上的报告》。毛泽东在报告中清醒地认识到："因为胜利，党内的骄傲情绪，以功臣自居的情绪，停顿起来不求进步的情绪，贪图享乐不愿再过艰苦生活的情绪，可能生长。因为胜利，人民感谢我们，资产阶级也会出来捧场。敌人的武力是不能征服我们的，这点已经得到证明了。资产阶级的捧场则可能征服我们队伍中的意志薄弱者。可能有这样一些共产党人，他们是不曾被拿枪的敌人征服过的，他们在这些敌人面前不愧英雄的称号；但是经不起人们用糖衣裹着的炮弹的攻击，他们在糖弹面前要打败仗。我们必须预防这种情况。"[3]

为了预防发生这种情况，他要求全党："务必使同志们继续地保持谦虚、

---

[1] 毛泽东：《关于重庆谈判》（1945年10月17日），《毛泽东选集》第4卷，北京：人民出版社，1991年6月第2版，第1161页。

[2] 毛泽东：《关于重庆谈判》（1945年10月17日），《毛泽东选集》第4卷，北京：人民出版社，1991年6月第2版，第1162页。

[3] 毛泽东：《在中国共产党第七届中央委员会第二次全体会议上的报告》（1949年3月5日），《毛泽东选集》第4卷，北京：人民出版社，1991年6月第2版，第1438页。

谨慎、不骄、不躁的作风，务必使同志们继续地保持艰苦奋斗的作风。"[1]

为了防止糖衣炮弹的腐蚀，力戒骄傲，保持谦虚、谨慎、不骄、不躁的作风，七届二中全会还根据毛泽东的提议，通过了六条具体规定：不做寿；不送礼；少敬酒；少拍掌；不以人名作地名；不要把中国同志和马、恩、列、斯平列。

"据时任中共中央副秘书长的杨尚昆回忆，党的七届二中全会最初悬挂的是马克思、恩格斯、列宁、斯大林和毛泽东、朱德的画像，1949年3月5日，毛泽东一进会场便看到自己的照片，他对筹备组工作人员提出批评说，开会不要挂我们的画像，这样不好，应该挂马恩列斯的画像。第二天，会场只挂了4位国际伟人的画像。但与会人员议论纷纷，工作人员又将毛泽东和朱德的画像挂在会场两旁，结果再次受到毛泽东的严厉批评。"[2]

这六条规定虽然没有写进会议的决议里，但经毛泽东和党中央的提倡和坚持，已经成为党的重要规矩和行为准则。

由此，理论联系实际、密切联系群众、批评和自我批评以及艰苦奋斗等，成为党的光荣传统和优良作风。

此时，党的光荣传统和优良作风建设正处于由革命战争时期的传统、作风建设向执政条件下的传统、作风建设转变的历史时期。这一时期，党的艰苦奋斗的光荣传统和优良作风、党的密切联系人民群众的光荣传统和优良作风得到了进一步发扬。正是由于发扬了这些光荣传统和优良作风，党才把广大人民群众紧紧地团结在了自己的周围，从而打败了国民党，夺取了政权，建立了中华人民共和国。

---

[1] 毛泽东：《在中国共产党第七届中央委员会第二次全体会议上的报告》（1949年3月5日），《毛泽东选集》第4卷，北京：人民出版社，1991年6月第2版，第1438—1439页。

[2] 张昕：《先定"六条规定"再进京城赶考》，《辽宁日报》，2016年7月29日。

（二）向全党提出了更为严格的要求

中华人民共和国的建立，标志着中国共产党的地位发生了重大的变化。由领导全国人民为夺取全国政权而奋斗的党，成为一个长期掌握着国家政权，领导人民建设社会主义现代化国家的执政党。因此，执政党的建设问题又摆在了我们党的面前。

在新的历史条件下，如何保持中国共产党的无产阶级先锋队性质，如何带领全国人民完成建设社会主义新中国的重任，如何牢牢地掌握国家政权，就成为党的作风建设亟须解决的重大问题。

中国共产党根据自身地位、任务的变化，及时提出了加强执政党建设的新思想。早在中国共产党第七届中央委员会第二次全体会议上，毛泽东就预见到全国胜利后斗争的新形势，要求全党要继续保持谦虚谨慎、戒骄戒躁的思想作风，继续保持艰苦奋斗的思想作风，从而提出了在执政条件下加强党的作风建设的重要理论。

1956年9月，中国共产党第八次全国代表大会在北京召开。党的八大是中国共产党成为全国执政党后召开的第一次全国代表大会。大会认真总结了党成为执政党以来加强自身建设的成功经验，分析了面临的问题和矛盾，明确地规定了民主集中制问题，并向全党提出了更为严格的要求。要求全党必须坚决地维护党的团结和统一；必须严格地遵守党章和国家的法律；必须实行批评和自我批评；必须对党忠诚老实，与党同心同德。

（三）党的光荣传统和优良作风建设的重大转折

十年"文革"，使党的光荣传统和优良作风遭到了极大破坏。党的十一届三中全会的胜利召开，使党的光荣传统和优良作风建设发生了重大转折。实践是检验真理的标准问题的大讨论，对"两个凡是"的批判，使党的光荣传统和优良作风建设的思想障碍得到了清扫；邓小平同志《解放思想，实事求是，团结一致向前看》的讲话，奠定了新时期党的光荣传统和优良作风建设的思想基础；四项基本原则的提出，为党的光荣传统和优良作风建设指明了前进的方向。

党的十一届五中全会，使党的光荣传统和优良作风建设制度化、法制化。全会讨论和通过了《关于党内政治生活的若干准则》，与此同时，中宣部、中组部联合发出了《关于加强党员教育健全党的组织生活的意见》和《关于加强干部工作的意见》。这些《规则》《意见》的推出，从制度上保证了党的光荣传统和优良作风建设的加强。

党的十二大和十三大的召开，使党的光荣传统和优良作风建设不断地深入发展。党的十二届二中全会通过的《中共中央关于整党的决定》以及随后开展的整党工作，在消除派性，增强党性和党的团结方面，在纠正以权谋私和克服官僚主义方面都取得了重大成绩；党的十三届六中全会通过的《中共中央关于加强党和人民群众联系的决定》，解决了党在执政条件下加强自身建设的许多课题。《决定》要求，全党必须坚决克服各种脱离群众的弊病，进一步密切党与群众的关系；必须坚定不移地加强廉政建设，继续发扬艰苦奋斗的精神，克服党内的消极腐败现象；必须建立和完善党内监督和党外监督制度。

（四）党的光荣传统和优良作风建设的新征程

2012年11月8日，中国共产党第十八次全国代表大会在北京召开，大会实现了中央领导集体的新老交替，并提出了全面建成小康社会的目标。2017年10月18日，中国共产党第十九次全国代表大会在北京开幕。习近平总书记在十九大报告中宣示："经过长期努力，中国特色社会主义进入了新时代，这是我国发展新的历史方位。"

由此，中国进入了全面建成小康社会与中国特色社会主义新时代。在这一新的历史时期，习近平总书记明确表示"打铁还需自身硬"，并推进全面从严治党。

2012年11月17日，习近平总书记主持十八届中央政治局第一次集体学习并发表重要讲话。他在讲话中指出："这些年来，我们全面推进党的建设新的伟大工程，党的执政能力得到新的提高，党的先进性和纯洁性得到保持和发展，党的领导得到加强和改善。同时，与国内外形势发展变化相比，与党所承担的历史任务相比，党的领导水平和执政水平、党组织建设状况和党员干部素质、能力、作风都还有不小差距。特别是新形势下加强和改进党的建设面临'四大考验'、'四种危险'，落实党要管党、从严治党的任务比以往任何时候都更为繁重更为紧迫。"[1]

他还进一步指出："反对腐败、建设廉洁政治，保持党的肌体健康，始终是我们党一贯坚持的鲜明政治立场。党风廉政建设，是广大干部群众始终关注的重大政治问题。'物必先腐，而后虫生。'近年来，一些国家因长期积累的矛盾导致民怨载道、社会动荡、政权垮台，其中贪污腐败就是一个很重要的原因。大量事实告诉我们，腐败问题越演越烈，最终必然会亡党亡国！我们要警醒啊！近年来我们党内发生的严重违纪违法案件，性质非常恶劣，政治影响极坏，令人触目惊心。"[2]

正是基于这种忧患的意识，习近平总书记提出"老虎""苍蝇"一起打，强调要严惩腐败，割除腐败的毒瘤，着力解决群众反映强烈的突出问题；强调要"把权力关进制度的笼子里"；强调有腐必反，有贪必肃，不断铲除腐败现象滋生蔓延的土壤。

---

[1] 习近平：《紧紧围绕坚持和发展中国特色社会主义学习宣传贯彻党的十八大精神》（2012年11月17日），《习近平谈治国理政》第1卷，北京：外文出版社，2014年10月第1版，第14—15页。

[2] 习近平：《紧紧围绕坚持和发展中国特色社会主义学习宣传贯彻党的十八大精神》（2012年11月17日），《习近平谈治国理政》第1卷，北京：外文出版社，2014年10月第1版，第16页。

2012年12月4日，习近平主持召开了中共中央政治局会议，会议审议通过了中共中央政治局关于改进工作作风、密切联系群众的"八项规定"。这"八项规定"是：

一、要改进调查研究，到基层调研要深入了解真实情况，总结经验、研究问题、解决困难、指导工作，向群众学习、向实践学习，多同群众座谈，多同干部谈心，多商量讨论，多解剖典型，多到困难和矛盾集中、群众意见多的地方去，切忌走过场、搞形式主义；要轻车简从、减少陪同、简化接待，不张贴悬挂标语横幅，不安排群众迎送，不铺设迎宾地毯，不摆放花草，不安排宴请。

二、要精简会议活动，切实改进会风，严格控制以中央名义召开的各类全国性会议和举行的重大活动，不开泛泛部署工作和提要求的会，未经中央批准一律不出席各类剪彩、奠基活动和庆祝会、纪念会、表彰会、博览会、研讨会及各类论坛；提高会议实效，开短会、讲短话，力戒空话、套话。

三、要精简文件简报，切实改进文风，没有实质内容、可发可不发的文件、简报一律不发。

四、要规范出访活动，从外交工作大局需要出发合理安排出访活动，严格控制出访随行人员，严格按照规定乘坐交通工具，一般不安排中资机构、华侨华人、留学生代表等到机场迎送。

五、要改进警卫工作，坚持有利于联系群众的原则，减少交通管制，一般情况下不得封路、不清场闭馆。

六、要改进新闻报道，中央政治局同志出席会议和活动应根据工作需要、新闻价值、社会效果决定是否报道，进一步压缩报道的数量、字数、时长。

七、要严格文稿发表，除中央统一安排外，个人不公开出版著作、讲话单行本，不发贺信、贺电，不题词、题字。

八、要厉行勤俭节约，严格遵守廉洁从政有关规定，严格执行住房、车辆配备等有关工作和生活待遇的规定。

"八项规定"虽然是针对中共中央政治局的领导同志，但对全党同志改进作风产生了实质性的传递效应。党的光荣传统和优良作风建设的加强由此开启了新的篇章。

据统计，从党的十八大到党的十九大的五年间，习近平先后作出51次重要批示，为贯彻落实中央八项规定精神指出明确方向，提出根本遵循。36次中央政治局常委会会议、21次中央政治局会议，对贯彻执行中央八项规定、加强作风建设进行专门研究部署；中央政治局先后召开3次民主生活会，对照检查执行中央八项规定的情况，开展批评和自我批评，研究加强自身建设和作风建设的措施。

"国家统计局2017年6月进行的民情民意电话调查显示，94.8%的受调查对象肯定以习近平同志为核心的党中央制定和落实中央八项规定的成效，91.8%对中央八项规定长期执行有信心，85.5%认为中央八项规定实施以来身边党员干部工作作风有明显改进，89.5%认为党员干部工作作风带动社会风气有明显改进。

"2017年全国党风廉政建设民意调查同时显示，92.7%的群众认为党的十八大以来落实中央八项规定精神、纠正'四风'有很大的效果，比2013年提高11.4个百分点。"[1]

2021年3月1日，2021年春季学期中央党校（国家行政学院）中青年干部培训班在中央党校开班。习近平总书记出席了开班式，并在开班式上发表了重要讲话。

他在讲话中强调："不论过去、现在还是将来，党的光荣传统和优良

---

[1] 朱基钗、罗沙、荣启涵、李亚红：《八项规定，激浊扬清之剑——党的十八大以来以习近平同志为核心的党中央贯彻执行八项规定、推动作风建设综述》，中国政府网，2017年9月29日。

作风都是激励我们不畏艰难、勇往直前的宝贵精神财富。"[1]

他还从对党忠诚、理论联系实际、密切联系群众、批评和自我批评、敢于斗争、艰苦奋斗等六个方面，强调了在新时代如何坚持并发扬党的光荣传统和优良作风。这不仅丰富了党的光荣传统和优良作风建设理论，也为新时代坚持并发扬党的光荣传统和优良作风提供了路径指引。

---

[1]《习近平在中央党校（国家行政学院）中青年干部培训班开班式上发表重要讲话强调 立志做党光荣传统和优良作风的忠实传人 在新时代新征程中奋勇争先建功立业》，《人民日报》，2021年3月2日，第1版。

第二章

党的光荣传统和优良作风的价值意义

回望党的百年历史，面向全面建设社会主义现代化国家新征程，继承和发扬党的光荣传统和优良作风有着非常重要的价值意义。它是党永葆先进性和纯洁性的保证，是激励共产党人勇往直前的宝贵精神财富。

一、党的光荣传统和优良作风的理论价值

先进性和纯洁性是马克思主义政党的本质属性，这是由马克思主义政党的性质和宗旨决定的。党的光荣传统和优良作风，既是党的先进性和纯洁性的体现，也是党永葆先进性和纯洁性的保证，在马克思主义政党理论中有着重要的价值意义。

（一）党的性质和宗旨的集中体现

看一个党是什么样的党，主要看两点：一是看它的性质，二是看它的宗旨。说到底，就是为什么人、靠什么人的问题。

关于中国共产党的性质，毛泽东同志有过精辟论述。1937年10月，他在延安陕北公学纪念鲁迅逝世周年大会上的讲话指出："我们共产党是无产阶级的先锋队，同时又是最彻底的民族解放的先锋队。"[1]1962年1月，他在扩大的中央工作会议（即著名的七千人大会）上的讲话又进一步指出："我们党是无产阶级政党，是无产阶级的先进部队，是用马克思列宁主义武装起来的战斗部队。我们是站在占总人口的百分之九十五以上的人民大众一边，绝不站在占总人口百分之四、五的地、富、反、坏、右那一边。"[2]

毛泽东同志的重要论述，清晰地表明了中国共产党"两个先锋队"的

---

[1] 毛泽东：《论鲁迅》（1937年10月19日），《毛泽东文集》第2卷，北京：人民出版社，1993年12月第1版，第42页。
[2] 毛泽东：《在扩大的中央工作会议上的讲话》（1962年1月30日），《毛泽东文集》第8卷，北京：人民出版社，1999年6月第1版，第307页。

性质。我们党历经革命、建设、改革，虽然时代发生了巨大变化，环境也发生了巨大变化，但是党的性质始终未变。现行的《中国共产党章程》在"总纲"中开宗明义就指明了党的性质："中国共产党是中国工人阶级的先锋队，同时是中国人民和中华民族的先锋队，是中国特色社会主义事业的领导核心，代表中国先进生产力的发展要求，代表中国先进文化的前进方向，代表中国最广大人民的根本利益。"

党的宗旨与党的性质一脉相连，那就是全心全意为人民服务。马克思、恩格斯在《共产党宣言》中旗帜鲜明地指出："共产党人不是同其他工人政党相对立的特殊政党。他们没有任何同整个无产阶级的利益不同的利益。"[1] 毛泽东同志在《为人民服务》讲演中强调："我们的共产党和共产党所领导的八路军、新四军，是革命的队伍。我们这个队伍完全是为着解放人民的，是彻底地为人民的利益工作的。""只要我们为人民的利益坚持好的，为人民的利益改正错的，我们这个队伍就一定会兴旺起来。"[2] 这表明，党除了工人阶级和最广大人民群众的利益，没有自己特殊的利益。

党的性质和宗旨决定了党在任何时候都必须把群众利益放在第一位，同群众同甘共苦，保持最密切的联系，坚持权为民所用、情为民所系、利为民所谋，不允许任何党员脱离群众，凌驾于群众之上。

密切联系群众正是党的三大作风之一，也是党的最大政治优势。密切联系群众，就是要坚持"两个先锋队"的性质，一切从人民的利益出发；就是要坚持全心全意为人民服务的宗旨，一刻也不脱离群众。因此，党的光荣传统和优良作风是党的性质和宗旨的集中体现。

---

[1]《马克思恩格斯选集》第1卷，北京：人民出版社，2012年9月第3版，第413页。
[2] 毛泽东：《为人民服务》（1944年9月8日），《毛泽东选集》第3卷，北京：人民出版社，1991年6月第2版，第1004—1005页。

（二）区别于其他政党的显著标志

中国共产党作为马克思主义政党，与其他政党有着显著区别。

毛泽东同志在党的七大上所作的《论联合政府》的政治报告中深刻总结了中国共产党区别于其他政党的三大显著标志，那就是理论联系实际、密切联系群众、批评和自我批评的三大优良作风。他指出："必须使各级党的领导骨干都懂得，理论和实践这样密切地相结合，是我们共产党人区别于其他任何政党的显著标志之一。""我们共产党人区别于其他任何政党的又一个显著标志，就是和最广大的人民群众取得最密切的联系。""有无认真的自我批评，也是我们和其他政党互相区别的显著的标志之一。"[1]

中国特色社会主义进入新时代，中国共产党人在继承和弘扬党的光荣传统和优良作风的同时，又赋予了其新的时代内涵，成为我们党区别于世界上其他任何政党的显著标志。2016年7月，习近平总书记在庆祝中国共产党成立95周年大会上的讲话指出："人民立场是中国共产党的根本政治立场，是马克思主义政党区别于其他政党的显著标志。"[2]2020年5月，他在参加十三届全国人大三次会议内蒙古代表团审议时强调："我们党没有自己特殊的利益，党在任何时候都把群众利益放在第一位。这是我们党作为马克思主义政党区别于其他政党的显著标志。"[3]

2020年初爆发并延续至今的新冠肺炎疫情，就是对这个"显著标志"的最佳注解。面对突如其来的新冠肺炎疫情，我们党一开始就鲜明提出把人民生命安全和身体健康放在第一位，第一时间实施集中统一领导，中共

---

[1] 毛泽东：《论联合政府》（1945年4月24日），《毛泽东选集》第3卷，北京：人民出版社，1991年6月第2版，第1094—1096页。

[2] 习近平：《不忘初心，继续前进》（2016年7月1日），《习近平谈治国理政》第2卷，北京：外文出版社，2017年11月第1版，第40页。

[3] 《习近平在参加内蒙古代表团审议时强调：坚持人民至上，不断造福人民，把以人民为中心的发展思想落实到各项决策部署和实际工作之中》，《人民日报》，2020年5月23日，第1版。

中央政治局常委会、中共中央政治局先后召开21次会议研究决策，领导组织党政军民学、东西南北中大会战。党中央始终坚持人民至上、生命至上，在全国范围调集最优秀的医生、最先进的设备、最急需的资源，全力以赴救治患者，不遗漏一个感染者，不放弃每一位病患者，而且费用全部由国家承担，最大程度提高了治愈率、降低了病亡率。在党中央的坚强领导下，全国迅速形成统一指挥、全面部署、立体防控的战略布局，有效遏制了疫情大面积蔓延，有力改变了病毒传播的危险进程，最大限度保护了人民生命安全和身体健康。

我们再来看看一向以所谓"人权教师爷"自居的美国，朝野两党是如何应对新冠疫情、"保护"美国民众的。在人命关天的疫情面前，不管是共和党还是民主党，为了竞选，为了一党之私，党派倾轧恶斗、政治分歧严重，根本无心抗击疫情，漠视民众生命健康。政客们也为了一己之私，醉心于渲染意识形态对立，无视科学，麻痹民众，无情地将民众推向危险境地。他们的眼里根本没有民众，没有人权，只有选票，只有利益。最终，美国在疫情面前溃不成军。美国约翰斯·霍普金斯大学统计数据显示，截至2021年2月22日，美国累计新冠肺炎确诊病例超过2818万例，累计死亡病例超过50万例。两项数据都高居全球之首。[1] 死亡50万人是什么概念？这个数字超过了美国在一战、二战与越战死亡人数总和。作为世界头号强国，美国科技发达、医疗先进，却因为新冠肺炎疫情葬送了如此多无辜的生命，不管是执政党还是在野党都难辞其咎。

美国两党应对新冠肺炎疫情的做派，与中国共产党形成了鲜明对比。在这场同严重疫情的殊死较量中，中国共产党团结带领中国人民铸就了生命至上、举国同心、舍生忘死、尊重科学、命运与共的伟大抗疫精神，充

---

[1]《新闻分析：美国新冠死亡病例超50万，近期疫情有何新特点》，新华网，2021年2月23日。

分体现了党的性质和宗旨，也成为党的光荣传统和优良作风的重要组成部分，而这正是我们党区别于世界上其他任何政党的显著标志。

（三）党始终赢得民心的关键所在

"政之所兴，在顺民心；政之所废，在逆民心。"一个政党，一个政权，其前途命运从根本上来说要取决于人心向背。古人云，"得民心者得天下"，说的就是这个道理。在当代中国，民心就是最大的政治。

中国共产党从成立之初的50多人，发展到现在的9000多万名党员，成为世界上长期执政的最大政党，靠的是什么？靠的就是始终赢得民心。中国共产党成立之初，中国是半殖民地半封建社会积贫积弱的状态，发展到现在，中国已经成为世界第二大经济体，从有"被开除球籍的危险"到日益走向世界舞台中央，靠的是什么？靠的也是始终赢得民心。

中国共产党是如何做到始终赢得民心的？答案就在于党的光荣传统和优良作风中。习近平总书记对此明确指出："党的作风是党的形象，是观察党群干群关系、人心向背的晴雨表。党的作风正，人民的心气顺，党和人民就能同甘共苦。"[1]

在新民主主义革命时期，党的光荣传统和优良作风就是体现在"半条被子"的温暖里。1934年11月上旬，中央红军在长征途中，来到了位于湘赣边界的湖南省汝城县进行休整，其中的一支部队进入了沙洲村。在那段艰苦的岁月里，特别是当时还是雨雪交加的天气，不少红军战士都是在村民的屋檐下或者场院里和衣而睡。村民徐解秀看到红军这么艰苦，就让3名女红军住到了家里。红军要开拔了，看到徐解秀家连一床像样的被子都没有，一名女红军把自己仅有的一床被子剪下一半留给了她。徐解秀说，

---

[1] 习近平：《不忘初心，继续前进》（2016年7月1日），《习近平谈治国理政》第2卷，北京：外文出版社，2017年11月第1版，第44页。

什么是共产党？共产党就是自己有一条被子，也要剪下半条给老百姓的人。共产党人这样的光荣传统和优良作风，老百姓能不支持，能不拥护吗？

在社会主义建设时期，党的光荣传统和优良作风就是体现在与民同甘共苦中。1959年到1962年，是党和国家历史上被称为"三年困难"的时期。当时中央人民政府将每个国民的口粮定量减到最低限度。在中南海，领袖们首先带头勒紧裤腰带，渡过难关。毛泽东对全体工作人员宣布："我们要实行三不：不吃肉，不吃蛋，吃粮不超定量。"他是这么说的，也是这么做的。在困难时期，毛泽东曾有过一星期不吃米饭、7个月不吃肉的记录，跟老百姓一样饥肠辘辘，腿脚常常浮肿，就连过生日也极为简单，跟平时没啥两样。1962年12月26日，毛泽东69岁生日，他只吃了早餐，晚上仅吃了一碗麦片粥。早餐时，毛泽东请了身边工作人员一起吃，菜谱上记载着这样几道家常菜："干烧冬笋、油爆虾、白汁鲤鱼、鸡油冬瓜球、炒生菜。"共产党的领袖都如此作风，老百姓怎能不支持、不拥护？

在中国特色社会主义新时代时期，党的光荣传统和优良作风体现在"中央八项规定"中。2012年11月15日，习近平当选中共中央总书记后在记者招待会上郑重提出，"打铁还需自身硬。"十八届中央领导集体履新不到20天，12月4日，中央政治局会议就审议通过了关于改进工作作风、密切联系群众的八项规定。习近平总书记率先垂范，给中央政治局全体同志作出了示范，为全党树立了榜样。对国内考察调研，习近平总书记要求考察场所不清场闭馆，不封路封园，保持原风原貌、不做修饰，在调研中同广大人民群众近距离亲切交谈。

2019年8月，习近平总书记在甘肃考察的4天时间里，行程1000多公里，日夜兼程，在火车上吃了5顿饭，途中还多次下车走到自发集结夹道等待的群众中，亲切握手问候。中国共产党成立百年，共产党人还能始终保持这样的光荣传统和优良作风，也就不难理解为什么能够始终赢得民心了。

作风关乎民心，好作风能赢得民心。中国共产党能够始终赢得民心，得到人民群众支持和拥护，关键就在于能够持之以恒发扬党的光荣传统和优良作风。

二、党的光荣传统和优良作风的时代价值

党的光荣传统和优良作风体现着中华民族的优良传统，体现着党的性质宗旨，体现着中国共产党人的精神，是党团结带领人民进行伟大斗争和推进伟大事业的根本保障。百年传承，历久弥新。在新时代，党的光荣传统和优良作风仍然具有巨大的价值意义。

（一）激励全党勇往直前的精神财富

人无精神则不立，国无精神则不强。根据马克思主义认识论，物质是可以变成精神的，精神也是可以变成物质的。毛泽东同志在《人的正确思想是从哪里来的？》一文中指出："一个正确的认识，往往需要经过由物质到精神，由精神到物质，即由实践到认识，由认识到实践这样多次的反复，才能够完成。这就是马克思主义的认识论，就是辩证唯物论的认识论。"[1]

毛泽东同志还有一句名言："人是要有一点精神的。"在革命战争那段无比艰难的时期，中国共产党人就是依靠精神的力量，最终赢得了中国革命的伟大胜利。精神的力量到底有多大？我们通过著名抗日民族英雄杨靖宇的故事就可见一斑。

杨靖宇原名马尚德。1932年11月，受中共满洲省委委派，共产党员马尚德作为巡视员，来到南满地区的磐石、海龙检查指导工作。在这里，

---

[1] 毛泽东：《人的正确思想是从哪里来的？》（1963年5月），《毛泽东文集》第8卷，北京：人民出版社1999年版6月第1版，第321页。

马尚德改名为杨靖宇,组织领导东北抗日联军进行抗日斗争。

在东北的深山密林中,内无粮草、外无救兵,战士们普遍缺吃少穿、缺枪少弹。尤其是在冬天零下几十摄氏度的冰天雪地里,寒风刺骨,堕指裂肤,部队甚至连御寒的衣服都没有。就是在这样极端艰苦的条件下,杨靖宇率领的抗联队伍始终坚持和侵略者作战周旋。

1939年冬季,是东北抗日联军最艰苦的时期。日军把杨靖宇的第一路军作为"讨伐"的主要目标,调动30万兵力进行全面包围,封锁了一路军通往外界的所有交通道路。经过一场又一场恶战,到了1940年1月,杨靖宇所部仍然没有与其他部队取得联系,他决定把部队化整为零,自己则带领只有15人的小部队继续东进。至1940年2月,杨靖宇身边只剩下两名警卫员。不幸的是,两名警卫员在下山找粮途中遭遇巡逻队,两人虽拼命突围,但没有来得及销毁身上的文件便英勇牺牲。敌人从他们身上搜出杨靖宇的一枚印章,更加断定杨靖宇就在附近。

1940年2月23日下午,杨靖宇将军最终被包围在濛江县三道崴子,与日伪军交战20分钟后身中数弹壮烈殉国,时年仅35岁。当英雄的尸体被运到通化后,日军下令,剖开他的胃,他们想看看,这些天到底吃的是什么,能让他坚持到英勇牺牲之时。结果,杨靖宇的胃里,只有棉絮、草根,却没有一粒粮食。

在如此恶劣的条件下,是什么支撑着杨靖宇顽强斗争到底?这就是精神的力量,这也是党的光荣传统和优良作风最直接、最鲜明的体现。今天我们物质生活条件与革命战争年代相比,已经发生了翻天覆地的变化。新时代是否还需要党的光荣传统和优良作风这种精神的力量?

早在改革开放之初,邓小平同志就告诫全党:"要教育全党同志发扬大公无私、服从大局、艰苦奋斗、廉洁奉公的精神,坚持共产主义思想和共产主义道德。我们要建设的社会主义国家,不但要有高度的物质文明,而且要有高度的精神文明。所谓精神文明,不但是指教育、科学、文化(这是完全必要的），而且是指共产主义的思想、理想、信念、道德、纪律，革命的立场和原则，人与人的同志式关系，等等。学习和培养这些革命精神，并不需要多么好的物质条件，也不需要多么高的教育程度。我们不是靠马克思主义的科学理论和上述的革命精神参加革命到现在吗？从延安到新中国，除了靠正确的政治方向以外，不是靠这些宝贵的革命精神吸引了全国人民和国外友好人士吗？没有这种精神文明，没有共产主义思想，没有共产主义道德，怎么能建设社会主义？"[1]

中国特色社会主义进入新时代，习近平总书记站在中华民族伟大复兴的战略全局和世界百年未有之大变局的高度，郑重对全党提出要求："不论过去、现在还是将来，党的光荣传统和优良作风都是激励我们不畏艰难、勇往直前的宝贵精神财富。"[2] 这就是说，我们要开启全面建设社会主义现代化国家新征程，实现"两个一百年"奋斗目标和中华民族伟大复兴的中国梦，仍然需要党的光荣传统和优良作风这一宝贵精神财富的激励。

（二）应对重大风险挑战的坚强保障

中国共产党领导中国革命、建设、改革的伟大进程中，充满着风险挑战。单是在革命战争时期，中国共产党就经历了一系列风险挑战。从成立之初的"白色恐怖"，到土地革命时期的"围剿"与反"围剿"，到抗日战争时期日军的残酷"扫荡"，再到解放战争时期国民党在美国支持下发动全面内战，一直到新中国成立后的抗美援朝战争，中国共产党在应对风险挑战中不断发展壮大。

---

[1] 邓小平：《贯彻调整方针，保证安定团结》（1980年12月25日），《邓小平文选》第2卷，北京：人民出版社，1994年10月第2版，第367页。
[2]《习近平在中央党校（国家行政学院）中青年干部培训班开班式上发表重要讲话强调　立志做党光荣传统和优良作风的忠实传人　在新时代新征程中奋勇争先建功立业》，《人民日报》，2021年3月2日，第1版。

讲传统 强作风 干实事

面对数倍于自己的敌人，当时在力量上还处于弱势状态的中国共产党为什么能够最终取得应对风险挑战的胜利？1940年秋毛泽东与马列学院的邓力群等人的谈话给出了答案。毛泽东同志说，"我们要养成一种新的作风：延安作风。我们要用延安作风打败西安作风。"

延安作风就是中国共产党的作风。在毛泽东的倡导和推动下，延安作风逐渐形成。按照毛泽东的说法，在延安"一没有贪官污吏，二没有土豪劣绅，三没有赌博，四没有娼妓，五没有小老婆，六没有叫化子，七没有结党营私之徒，八没有萎靡不振之气，九没有人吃磨擦饭，十没有人发国难财"。[1]

西安作风就是国民党的作风。抗战进入相持阶段后，国民党政府各级官员们贪腐成风，形成了"前方吃紧，后方紧吃"、大发国难财的严重腐败的状况。当时驻守河南的国民党政府汤恩伯的军队被老百姓称为四大灾害之一。四大灾害即"水旱蝗汤"，"水"即洪水，"旱"即旱灾，"蝗"即蝗虫，"汤"就是汤恩伯。他对日本军队未开一枪一炮，反而对老百姓大肆征税，残酷迫害老百姓。连蒋介石都指斥，国民党军"上层官兵不知奋发补进，而且驰懈偷安。""高级将领精神堕落，只知道做官，部下训练教育的进度如何，根本不知道，对于前方工事要塞配备的情形如何，完全是模糊印象，对于下面实际的情形，可以说完全不管。"

1940年，爱国华侨陈嘉庚先后到重庆和延安参观访问。在重庆，陈嘉庚看到的是奢侈腐败，是达官贵人的花天酒地、挥金如土。而到了延安，他看到的却是清苦的生活。即便是毛泽东的窑洞内也只有一张旧式乡村民用木桌，晚餐时就把圆桌放在小方凳上，铺上几张纸；餐桌上最贵的菜是一碗鸡汤，还是村民听说毛泽东有贵客来了，主动把正下蛋的母鸡杀了送

---

[1] 毛泽东：《团结一切抗日力量，反对反共顽固派》（1940年2月1日），《毛泽东选集》第2卷，北京：人民出版社，1991年6月第2版，第718页。

来的。强烈的对比反差，使得陈嘉庚对国民党表示了极大失望，认为"中国的希望在延安"。

中国共产党依靠光荣的传统和优良的作风取得了新民主主义革命的伟大胜利，建立了中华人民共和国。新时代，我们党要继续取得应对重大风险挑战的胜利，仍然离不开光荣的传统和优良作风的坚强保障。

当今世界，百年未有之大变局正在加速演进，我国正处在中华民族伟大复兴的关键时期。总体而言，我国经济持续健康发展，社会大局稳定，形势总体上是好的。与此同时，也面临着波谲云诡的国际形势、复杂敏感的周边环境、艰巨繁重的改革发展稳定任务，各类风险挑战无处不在、无时不有。

特别是当前和今后一个时期是我国各类矛盾和风险易发期，各种可以预见和难以预见的风险因素明显增多，而且各种矛盾风险挑战源、各类矛盾风险挑战点相互交织、相互作用，我们在前进道路上仍然面临着许多难关和挑战。如果没有光荣传统和优良作风作为保证，各级领导就难以有效驾驭复杂局面，难以有效应对风险挑战，从而就会使小的矛盾风险挑战发展成大的矛盾风险挑战，局部的矛盾风险挑战发展成系统的矛盾风险挑战，国际上的矛盾风险挑战演变为国内的矛盾风险挑战，经济、社会、文化、生态领域的矛盾风险挑战转化为政治矛盾风险挑战，最终危及党的执政地位和国家安全，打断中华民族伟大复兴的进程。

为此，习近平总书记特别强调："风险越大、挑战越多、任务越重，越要加强党的作风建设，以好的作风振奋精神、激发斗志、树立形象、赢得民心。"[1]

---

[1]《习近平在中央党校（国家行政学院）中青年干部培训班开班式上发表重要讲话强调 立志做党光荣传统和优良作风的忠实传人 在新时代新征程中奋勇争先建功立业》，《人民日报》，2021年3月2日，第1版。

（三）完成党的奋斗目标的根本保证

实现中华民族伟大复兴是近代以来中华民族最伟大的梦想。中国共产党一经成立，就把实现共产主义作为党的最高理想和最终目标，义无反顾肩负起实现中华民族伟大复兴的历史使命。

为了实现这个历史使命，无论是弱小还是强大，无论是顺境还是逆境，我们党都初心不改、矢志不渝，坚持理论联系实际，坚持密切联系群众，坚持发扬斗争精神，敢于面对曲折，勇于修正错误，团结带领人民历经千难万险、艰苦奋斗，攻克了一个又一个看似不可攻克的难关，创造了一个又一个彪炳史册的人间奇迹。

历史和实践充分证明，党的光荣传统和优良作风就是完成党的奋斗目标的根本保证。什么时候坚持了党的光荣传统和优良作风，党的事业就会兴旺发达，党的奋斗目标就会如期实现。什么时候脱离了党的光荣传统和优良作风，党的事业就会遭受挫折，党的奋斗目标就会受阻落空。

在我们党的历史上，就因为脱离了党的光荣传统和优良作风而发生了"文化大革命"那样的十年浩劫。1981年6月，党的十一届六中全会通过的《关于建国以来党的若干历史问题的决议》在总结"文化大革命"发生并且持续十年之久的原因时指出："党在面临着工作重心转向社会主义建设这一新任务因而需要特别谨慎的时候，毛泽东同志的威望也达到高峰。他逐渐骄傲起来，逐渐脱离实际和脱离群众，主观主义和个人专断作风日益严重，日益凌驾于党中央之上，使党和国家政治生活中的集体领导原则和民主集中制不断受到削弱以至破坏。"[1]

"文化大革命"造成的后果是相当严重的。早在1964年12月，三届全国人大一次会议就郑重提出了实现"四个现代化"的历史任务。周恩来

---

[1] 中共中央文献研究室：《＜关于建国以来党的若干历史问题的决议＞注释本》，北京：人民出版社，1985年9月版，第38—39页。

在《政府工作报告》中代表党中央、国务院宣布:"要在不太长的历史时期内,把我国建设成为一个具有现代农业、现代工业、现代国防和现代科学技术的社会主义强国,赶上和超过世界先进水平。"同时提出了要在20世纪内分两步实现四个现代化的战略构想,即"第一步,建立一个独立的比较完整的工业体系和国民经济体系;第二步,全面实现农业、工业、国防和科学技术的现代化,使我国经济走在世界前列。"

但是"文化大革命"十年内乱打断了我国现代化建设的进程,给党、国家和全国各族人民造成了严重危害。单是在经济方面,十年内乱使国民收入损失约5000亿元,这个数字相当于新中国成立以来全国基本建设投资的80%。[1] 我国经济濒临崩溃的边缘,人民温饱都成问题。粮食人均消费量1976年为380.56斤,比1966年的379.14斤仅多1.42斤(比此前最高的1956年的408.58斤减少28.02斤);食用植物油人均消费量1976年为3.19斤,低于1966年的3.52斤(比此前最高的1956年的5.13斤减少1.94斤)。[2]

更为深远的影响是,我国白白耽误了10年宝贵的发展机遇期。"这十多年,正是世界蓬勃发展的时期,世界经济和科技的进步,不是按年来计算,甚至于不是按月来计算,而是按天来计算。"[3] 正是在这个时期,我国周边的许多国家和地区经济发展迅速,一跃成为新兴工业化国家和地区。对此,邓小平同志极为痛惜:"我们相信社会主义比资本主义的制度优越。它的优越性应该表现在比资本主义有更好的条件发展社会生产力。这本来是可能的,但过去人们有不同的理解,于是我们发展社会生产力的

---

[1] 龙新民、张静如主编:《中国共产党90年史话》,北京:中共党史出版社、中国书籍出版社,2015年5月第1版,第346页。

[2] 中共中央党史研究室:《中国共产党历史》第2卷,北京:中共党史出版社,2011年1月第1版,第969页。

[3] 邓小平:《社会主义也可以搞市场经济》(1979年11月26日),《邓小平文选》第1卷、第2卷,北京:人民出版社,1994年10月第2版,第232页。

进程推迟了,特别是耽误了十年。中国六十年代初期同世界上有差距,但不太大。六十年代末期到七十年代这十一二年,我们同世界的差距拉得太大了。"[1]

"文化大革命"结束后,我们党的光荣传统和优良作风得以恢复,党和国家各项事业也步入了正轨。1987年10月,党的十三大提出了"三步走"的发展战略。1997年9月,党的十五大报告首次提出"两个一百年"奋斗目标。2017年10月,党的十九大提出了新时代"两步走"战略安排,把我国基本实现现代化的时间提前了十五年,并在此基础上提出了全面建成社会主义现代化强国这一更高目标。

习近平总书记指出:"实现我们确立的奋斗目标,我们既要有'乱云飞渡仍从容'的战略定力,又要有'不到长城非好汉'的进取精神。"[2]经过全党全国各族人民的努力,我国全面建成小康社会取得伟大历史性成就,决战脱贫攻坚取得全面胜利,中华民族伟大复兴向前迈出了新的一大步。我们要顺利开启全面建设社会主义现代化国家新征程、如期完成第二个百年奋斗目标,仍然需要党的光荣传统和优良作风作为根本保证。

三、党的光荣传统和优良作风的实践价值

党的光荣传统和优良作风是在党的长期实践中培养形成的,来源于实践,又指导实践。尤其是对于领导干部而言,继承和发扬党的光荣传统和优良作风具有重要的实践意义。

---

[1] 邓小平:《社会主义也可以搞市场经济》(1979年11月26日),《邓小平文选》第1卷、第2卷,北京:人民出版社,1994年10月第2版,第231—232页。
[2] 习近平:《在纪念毛泽东同志诞辰一百二十周年座谈会上的讲话》(2013年12月26日),《习近平关于"不忘初心、牢记使命"重要论述选编》,北京:党建读物出版社、中央文献出版社,2019年5月第1版,第124页。

（一）坚定理想信念的核心要素

坚定理想信念是党的思想建设的首要任务。对马克思主义的信仰，对社会主义和共产主义的信念，是共产党人的政治灵魂，是共产党人经受住任何考验的精神支柱，是共产党人安身立命的根本。

革命理想高于天。没有一大批具有坚定共产主义理想的中华儿女，就没有中国共产党，也就没有新中国，更没有今天我国的发展进步。尤其是在革命战争年代，面对白色恐怖和残忍敌人，一大批优秀的共产党人为了理想信念，进行了可歌可泣的斗争，甚至为此付出生命，形成了中国共产党的伟大革命精神。

2019年5月，习近平总书记在江西考察工作结束时的讲话中，提到了刘仁堪烈士的英勇事迹。刘仁堪1895年出生于江西省莲花县，1925年加入中国共产党。1927年，刘仁堪被调到莲花县城担任清乡委员会负责人，领导农会干部清算土豪劣绅经营的祠公庙宇公产。莲花地处偏僻，封建势力顽固，刘仁堪不畏强暴，不怕风险，经常在土豪劣绅的围攻中挺身而出，为贫苦农民说话，深受群众的拥戴。1927年9月，毛泽东率秋收起义部队进军井冈山途经莲花县城，刘仁堪闻讯与同志们连夜赶赴县城，与工农革命军会合。1928年11月，刘仁堪接任莲花县委书记。在严酷的斗争环境里，刘仁堪紧紧依靠全体党员，依靠革命群众，与敌人斗智斗勇，逐步恢复了各区的红色政权，打击了敌人的嚣张气焰。一天，刘仁堪与县委妇女部长颜清珍等来到南村坳背村，晚上在一户党员家中住下来。不料被叛徒发现告密，刘仁堪和颜清珍落入连夜赶到的保安团之手。莲花国民党县长亲自审讯，许诺只要刘仁堪交出共产党内部机密，可保他全家平安，并在伪县政府供职。刘仁堪只是冷笑，一言不发，任凭敌人软硬兼施，始终坚贞不屈。1929年5月，敌人将刘仁堪押到县城南门大洲上，准备将其斩首示众。刘仁堪见到许多熟悉的面孔便高声喊话，揭露反动派的罪恶，宣传革命必定胜利的道理。敌人残忍地割下了他的舌头，他仍然用脚蘸着流下的鲜血写下"革命成功万岁",显示了共产党人英勇不屈的英雄气概。

在生死关头,用自己鲜血写就"革命成功万岁",这就是理想信念的力量,也是共产党人的革命精神,而这种革命精神正是党的光荣传统和优良作风的体现。

"参天之木,必有其根;怀山之水,必有其源。"习近平总书记强调:"我们党在长期实践中形成的党内政治生活的光荣传统,不论过去、现在还是将来,都是党的宝贵财富。光荣传统不能丢,丢了就丢了魂;红色基因不能变,变了就变了质。"[1] 新时代党员领导干部要坚定理想信念,核心就是要继承和发扬党的光荣传统和优良作风,这是共产党人的"根"和"源"。

(二)加强作风建设的重要内容

党的作风建设是党的建设的重要组成部分。我们党从成立之初就高度重视作风建设。在20世纪20年代,毛泽东同志就写下了《关于纠正党内的错误思想》一文,指导红四军加强思想和作风建设。以后他又写了《反对本本主义》《改造我们的学习》《整顿党的作风》《反对党八股》等一系列论述党的作风建设的重要文章,并在《论联合政府》中,把党的优良作风概括为三大作风。毛泽东指出,"学风问题是领导机关、全体干部、全体党员的思想方法问题,是我们对待马克思列宁主义的态度问题,是全党同志的工作态度问题。既然是这样,学风问题就是一个非常重要的问题,就是第一个重要的问题。"[2] 毛泽东同志亲自领导全党实施了包括延安整风在内的一系列加强党的作风建设的重大决策和部署,实现了全党新的团结和统一,为夺取抗日战争的胜利和新民主主义革命在全国的胜利,奠定

---

[1] 习近平:《把红色基因传承好,把红色江山世世代代传下去》(2016年1月—2020年6月),《论中国共产党历史》,北京:中央文献出版社,2021年2月第1版,第109页。
[2] 毛泽东:《整顿党的作风》(1942年2月1日),《毛泽东选集》第3卷,北京:人民出版社,1991年6月第2版,第813页。

了坚实的思想政治基础。

进入改革开放和社会主义现代化建设新时期，邓小平同志早在1977年，就号召全党要恢复和发扬群众路线、实事求是、批评和自我批评以及艰苦奋斗和民主集中制的优良传统和作风。邓小平强调："如果不坚决搞好党风，进一步恢复党的实事求是、群众路线和艰苦奋斗的优良传统，就可能出现一些本来可以避免的大大小小的乱子，使我们的现代化建设在刚刚迈出第一步的时候就遇到严重的障碍。"[1]邓小平同志推动了20世纪80年代初期对党的作风和组织的全面整顿、80年代中期对党风和社会风气的整顿，使得党内存在的思想、作风、组织严重不纯的状况有了很大改变，广大党员特别是领导干部加深了对党的十一届三中全会以来路线方针政策的理解，党的组织也进一步纯洁。

中国特色社会主义进入新时代，习近平总书记更是将党的作风建设上升到关系到党的生死存亡的高度，强调："党的作风就是党的形象，关系人心向背，关系党的生死存亡。我们党作为一个在中国长期执政的马克思主义政党，对作风问题任何时候都不能掉以轻心。"[2]

习近平总书记上任之初，就把党风廉政建设紧紧抓在手上，首先制定和落实中央八项规定，接着在全党开展党的群众路线教育实践活动和"三严三实"专题教育，推进"两学一做"学习教育常态化制度化，在新中国成立70周年之际开展了"不忘初心、牢记使命"主题教育，在建党100周年之际开展了党史学习教育，同时坚定不移持之以恒反对和惩治腐败。我们党在革命性锻造中更加坚强，焕发出新的强大生机活力，为党和国家事业发展提供了坚强政治保证。

---

[1] 邓小平：《坚持四项基本原则》（1979年3月30日），《邓小平文选》第2卷，北京：人民出版社，1994年10月第2版，第162页。
[2] 《习近平在中共中央政治局第十六次集体学习时强调 坚持从严治党落实管党治党责任 把作风建设要求融入党的制度建设》，新华网，2014年6月30日。

梳理党的作风建设历史脉络，我们不难发现，党的光荣传统和优良作风始终是党的建设的重要内容，其中密切联系群众、保持党同人民群众的血肉联系是加强和改进党的作风的核心问题。对此，习近平总书记要求："从中央政治局常委会、中央政治局、中央委员会抓起，从高级干部抓起，持之以恒加强作风建设，坚持和发扬党的优良传统和作风，坚持抓常、抓细、抓长，使党的作风全面好起来，确保党始终同人民同呼吸、共命运、心连心"。[1]

新时代党员、党员干部加强作风建设，也必然要求把党的光荣传统和优良作风作为重中之重，紧紧围绕保持党同人民群众的血肉联系，增强群众观念和群众感情，不断厚植党执政的群众基础。

（三）规范党内政治生活的基本准则

严肃党内政治生活是全面从严治党的基础。党要管党，首先要从党内政治生活管起；从严治党，首先要从党内政治生活严起。习近平总书记指出："历史经验表明，我们党作为马克思主义政党，必须旗帜鲜明讲政治，严肃认真开展党内政治生活。""什么时候全党讲政治、党内政治生活正常健康，我们党就风清气正、团结统一，充满生机活力，党的事业就蓬勃发展；反之，就弊病丛生、人心涣散、丧失斗志，各种错误思想得不到及时纠正，给党的事业造成严重损失。"[2]

我们党从成立之日起，就高度重视党内政治生活，坚持把开展严肃认真的党内政治生活作为党的建设重要任务来抓。在长期实践中，我们党形成了以实事求是、理论联系实际、密切联系群众、批评和自我批评、民主

---

[1] 习近平：《不忘初心，继续前进》（2016年7月1日），《习近平谈治国理政》第2卷，北京：外文出版社2017年11月第1版，第44页。
[2]《习近平在省部级主要领导干部学习贯彻六中全会精神研讨班开班式上发表重要讲话》，中国政府网，2017年2月13日。

集中制、严明党的纪律为主要内容的党内政治生活基本规范，为巩固党的团结和集中统一、保持党的先进性和纯洁性、增强党的生机活力积累了丰富经验，为保证完成党的各个历史时期中心任务发挥了重要作用。

1942年至1945年进行的延安整风就是开展严肃认真的党内政治生活的一次生动实践。延安整风运动的主要内容是：反对主观主义以整顿学风，反对宗派主义以整顿党风，反对党八股以整顿文风，目的就是要树立起马克思主义的作风。整风的方法步骤是，认真阅读文件，联系个人思想和工作，自我反省，开展批评和自我批评，提高认识，总结经验，逐步取得思想认识的一致，增强党性，改进工作。延安整风运动不同于"左"倾错误领导下实行的"残酷斗争"和"无情打击"，毛泽东同志提出了"惩前毖后"和"治病救人"的方针。在整风运动过程中，中央大力提倡调查研究，以深入了解中国社会状况，了解中国革命特点和规律，学会将马克思列宁主义基本原理同中国革命具体实际相结合。经过延安整风，党的实事求是的思想路线得到巩固，理论联系实际、密切联系群众、批评和自我批评的三大作风得到确立，民主集中制和党的团结统一得到加强，党内政治生活的基本规范逐步形成。

作为党内政治生活基本规范主要内容的理论联系实际、密切联系群众、批评和自我批评，正是党的光荣传统和优良作风。因此，新时代领导干部要加强和规范党内政治生活，必须要把党的光荣传统和优良作风作为基本准则，坚持理论联系实际，在实践中检验真理和发展真理；坚持密切联系群众，保持党同人民群众的血肉联系；坚持开展批评和自我批评，着力增强党内政治生活的政治性、时代性、原则性、战斗性。

（四）遵守党的纪律规矩的根本要求

习近平总书记指出："我们党是靠革命理想和铁的纪律组织起来的马

克思主义政党，纪律严明是党的光荣传统和独特优势。"[1]我们党从成立开始，就始终将纪律和规矩挺在前面，保证了党及其领导的人民军队由小到大、由弱到强，无往而不胜。

1927年秋收起义后，毛泽东率领工农红军向井冈山进发。上山之前，正值当地红薯收获的季节，由于有的战士纪律性不强，肚子饿了就顺手挖走了老乡的红薯，老乡对此颇有意见。此事引起了毛泽东的高度警觉，偷吃一个红薯事小，损害群众利益事大。于是在部队出发前，毛泽东在江西遂川荆竹山"雷打石"前向部队讲话，郑重宣布了三大纪律：第一，行动听指挥；第二，不拿老百姓一个红薯；第三，打土豪要归公，这也成为中国工农红军"三大纪律"的雏形。这和1928年1月在遂川宣布的"上门板，捆铺草，说话和气，买卖公平，借东西要还，损坏东西要赔"六项注意，一起奠定了我军统一纪律的基础。为使制度落实，在加大宣传教育的同时，还在部队中专门成立了"纪律检查组"，当部队离开一个地方后，"纪律检查组"的成员就分头到群众中去了解官兵遵守纪律的情况，并及时处理违反纪律的人和事。当时民众中流传着一首歌谣："红军纪律真严明，行动听命令；爱护老百姓，到处受欢迎；遇事问群众，买卖讲公平；群众的利益，不损半毫分。"

1947年10月，毛泽东起草了《中国人民解放军总部关于重新颁布三大纪律八项注意的训令》，将"三大纪律八项注意"以命令的形式固定下来，成为全军的统一纪律。三大纪律是：一、一切行动听指挥；二、不拿群众一针一线；三、一切缴获要归公。八项注意是：一、说话和气；二、买卖公平；三、借东西要还；四、损坏东西要赔；五、不打人骂人；六、不损坏庄稼；七、不调戏妇女；八、不虐待俘虏。

---

[1] 习近平：《严明政治纪律，自觉维护党的团结统一》（2013年1月22日），《习近平关于党风廉政建设和反腐败斗争论述摘编》，北京：中国方正出版社、中央文献出版社，2015年1月第1版，第30页。

三大纪律八项注意充分展示了全心全意为人民服务的根本宗旨，体现了党的光荣传统和优良作风，并使之成为纪律要求，一直延续到今天。

《中国共产党章程》关于党员义务的八条规定，大部分与党的光荣传统和优良作风相关，比如："坚持党和人民的利益高于一切，个人利益服从党和人民的利益，吃苦在前，享受在后，克己奉公，多做贡献。""维护党的团结和统一，对党忠诚老实，言行一致，坚决反对一切派别组织和小集团活动，反对阳奉阴违的两面派行为和一切阴谋诡计。""切实开展批评和自我批评，勇于揭露和纠正违反党的原则的言行和工作中的缺点、错误，坚决同消极腐败现象作斗争。""密切联系群众，向群众宣传党的主张，遇事同群众商量，及时向党反映群众的意见和要求，维护群众的正当利益。"在对领导干部的要求中，特别强调："正确行使人民赋予的权力，坚持原则，依法办事，清正廉洁，勤政为民，以身作则，艰苦朴素，密切联系群众，坚持党的群众路线，自觉地接受党和群众的批评和监督，加强道德修养，讲党性、重品行、作表率，做到自重、自省、自警、自励，反对形式主义、官僚主义、享乐主义和奢靡之风，反对任何滥用职权、谋求私利的行为。"

《中国共产党廉洁自律准则》要求全体党员和各级领导干部"必须继承发扬党的优良传统和作风"。

《中国共产党党内监督条例》将"遵守党章党规，坚定理想信念，践行党的宗旨，模范遵守宪法法律情况""落实中央八项规定精神，加强作风建设，密切联系群众，巩固党的执政基础情况"作为党内监督的重要内容。

《中国共产党纪律处分条例》（以下简称《条例》）则明确规定了对违反党的光荣传统和优良作风行为的处分。比如对党忠诚就是政治纪律的重要内容，《条例》第五十一条规定：对党不忠诚不老实，表里不一，阳奉阴违，欺上瞒下，搞两面派，做两面人，情节较轻的，给予警告或者严重警告处分；情节较重的，给予撤销党内职务或者留党察看处分；情节严重的，给予开除党籍处分。密切联系群众就是群众纪律的重要内容。《条例》第一百一十二条规定：有下列行为之一，对直接责任者和领导责任者，情节较轻的，给予警告或者严重警告处分；情节较重的，给予撤销党内职务或者留党察看处分；情节严重的，给予开除党籍处分：（一）超标准、超范围向群众筹资筹劳、摊派费用，加重群众负担的；（二）违反有关规定扣留、收缴群众款物或者处罚群众的；（三）克扣群众财物，或者违反有关规定拖欠群众钱款的；（四）在管理、服务活动中违反有关规定收取费用的；（五）在办理涉及群众事务时刁难群众、吃拿卡要的；（六）有其他侵害群众利益行为的。在扶贫领域有上述行为的，从重或者加重处分。艰苦奋斗属于生活纪律的重要内容。《条例》第一百三十四条规定：生活奢靡、贪图享乐、追求低级趣味，造成不良影响的，给予警告或者严重警告处分；情节严重的，给予撤销党内职务处分。

为此，习近平总书记在十八届中央纪委五次全会上特别强调："党在长期实践中形成的优良传统和工作惯例也是重要的党内规矩。纪律是成文的规矩，一些未明文列入纪律的规矩是不成文的纪律；纪律是刚性的规矩，一些未明文列入纪律的规矩是自我约束的纪律。我们党在长期实践中形成的优良传统和工作惯例，经过实践检验、约定俗成、行之有效，需要全党长期坚持并自觉遵循。"[1]

这其实也给党员、党员干部提了个醒，就是不要认为继承发扬党的光荣传统和优良作风是有"弹性"的，只是一个思想觉悟问题，这是纪律刚性约束，违反了是要受到纪律处分的。因此，党员、党员干部必须要把党的光荣传统和优良作风作为遵守纪律规矩的根本要求来对待。

---

[1]《习近平在十八届中央纪委五次全会上发表重要讲话》，中国共产党新闻网，2015年1月14日。

第三章

对党忠诚是共产党人首要的政治品质

"对党忠诚，是共产党人首要的政治品质。我们党一路走来，经历了无数艰险和磨难，但任何困难都没有压垮我们，任何敌人都没能打倒我们，靠的就是千千万万党员的忠诚。对党忠诚，必须一心一意、一以贯之，必须表里如一、知行合一，任何时候任何情况下都不改其心、不移其志、不毁其节。年轻干部要以先辈先烈为镜、以反面典型为戒，不断筑牢信仰之基、补足精神之钙、把稳思想之舵，以坚定的理想信念砥砺对党的赤诚忠心。要自觉加强政治历练，接受严格的党内政治生活淬炼，不断提高政治判断力、政治领悟力、政治执行力，使自己的政治能力同担任的工作职责相匹配。要立志为党分忧、为国尽责、为民奉献，勇于担苦、担难、担重、担险，以实际行动诠释对党的忠诚。"[1]

习近平总书记的这段话不仅阐明了对党忠诚的价值所在，也为党员、党员干部坚守对党忠诚指明了重要的路径。

一、对党忠诚是党对共产党人始终如一的要求

中国共产党自诞生之日起，就对共产党人提出了对党忠诚的严格要求。也正是因为如此，中国共产党在一百年的征程中，虽历经无数艰险，遭遇各种磨难，却始终能够奋勇向前。

（一）对党忠诚是共产党员的重要义务

1921年8月初，在浙江嘉兴的一条红船上中国共产党"一大"通过了《中国共产党纲领》（以下简称《纲领》）。这是中国共产党的第一个纲领。《纲领》不仅确定了中国共产党的称谓，对加入中国共产党应具备的条件、

---

[1]《习近平在中央党校（国家行政学院）中青年干部培训班开班式上发表重要讲话强调 立志做党光荣传统和优良作风的忠实传人 在新时代新征程中奋勇争先建功立业》，《人民日报》，2021年3月2日，第1版。

程序等都做了明确的规定。《纲领》（俄文译稿）中规定："凡承认本党党纲和政策，并愿成为忠实的党员者，经党员一人介绍，不分性别，不分国籍，都可以接收为党员，成为我们的同志。"这就明确要求，要加入中国共产党的人，必须"忠实"。

"但是在加入我们的队伍以前，必须与那些与我们的纲领背道而驰的党派和集团断绝一切联系。"这进一步强调，党员必须对党的组织保持忠诚，不能身在曹营心在汉，跟其他党派和集团藕断丝连。

1922年7月16日至23日在上海召开的中共二大通过的《中国共产党章程》，是中国共产党的第一个正式党章，共六章二十九条。

其第一章第一条规定："本党党员无国籍性别之分，凡承认本党宣言及章程并愿忠实为本党服务者，均得为本党党员。"

"愿忠实为本党服务者"是成为中国共产党党员的重要标准。

其第一章第二十二条规定："凡党员若不经中央执行委员会之特许，不得加入一切政治的党派。其前已隶属一切政治的党派者，加入本党时，若不经特许，应正式宣告脱离。"这也是强调，党员必须对本党组织保持绝对忠诚。

1956年9月15日至27日，党的八大在北京召开。9月26日，八大通过的《中国共产党章程》，在第一章第二条党员的义务中，首次明确了"对党忠诚老实，不隐瞒和歪曲事实真相"是党员十项义务之一。

八大通过的《党章》还进一步规定："党员如果不遵守这些义务，应当给予批评和教育，如果严重地违背这些义务，破坏党的统一，违犯国家法律，违背党的决议，危害党的利益和欺骗党，就是违反党的纪律，应当给予纪律处分。"

党的九大和十大因为"文化大革命"的特殊原因，在《党章》中，虽然对党员提出了遵守纪律的要求，但没有"对党忠诚老实"的具体表述。

而自1977年8月18日党的十一大通过的《中国共产党章程》开始，

到 2017 年 10 月党的十九大通过的《中国共产党章程》则一直都把"对党忠诚老实"规定为党员的八项义务之一。

党的领导人关于党员对党忠诚有一系列重要的论述。毛泽东同志说:"一个共产党员,应该是襟怀坦白,忠实,积极,以革命利益为第一生命,以个人利益服从革命利益;无论何时何地,坚持正确的原则,同一切不正确的思想和行为做不疲倦的斗争,用以巩固党的集体生活,巩固党和群众的联系;关心党和群众比关心个人为重,关心他人比关心自己为重。这样才算得一个共产党员。"[1]

邓小平同志说:"一个自觉的革命者无论何时何地,在何种情况下,都要做到忠诚老实,对党要忠诚,要老老实实地说话,老老实实地办事,老老实实地做人"[2]。

2015 年 7 月 1 日,习近平总书记在给国家测绘地理信息局第一大地测量队 6 位老队员、老党员回信中强调:"忠于党、忠于人民、无私奉献,是共产党人的优秀品质。党的事业,人民的事业,是靠千千万万党员的忠诚奉献而不断铸就的。不忘初心,方得始终。全国广大共产党员要始终在党爱党、在党为党,心系人民、情系人民,忠诚一辈子,奉献一辈子。"[3]

这都是对党员干部提出的殷切期望,并勉励广大党员干部在党爱党、在党为党,忠诚一辈子,为党和人民奉献一辈子。

(二)对党忠诚是共产党员的庄重承诺

当一个人成为预备党员之后,他要面向党旗进行入党宣誓。

---

[1] 毛泽东:《反对自由主义》(1937 年 9 月 7 日),《毛泽东选集》第 2 卷,北京:人民出版社,1991 年 6 月第 2 版,第 361 页。
[2] 邓小平:《论忠诚与老实》(1949 年 9 月 17 日),《党的文献》,2016 年第 3 期,第 10—11 页。
[3]《习近平给国测一大队老队员老党员回信》,《人民日报》,2015 年 7 月 2 日。

1982年9月6日，党的十二大通过的《中国共产党章程》第一章第六条规定："预备党员必须面向党旗进行入党宣誓。誓词如下：我志愿加入中国共产党，拥护党的纲领，遵守党的章程，履行党员义务，执行党的决定，严守党的纪律，保守党的秘密，对党忠诚，积极工作，为共产主义奋斗终身，随时准备为党和人民牺牲一切，永不叛党。"

这是中国共产党首次把入党誓词写入《党章》，也是一直沿用至今的入党誓词。

入党誓词明确了党员必须承担的政治责任，党员在党旗下宣誓，是党员对自身政治责任的一种庄重承诺。

"忠诚"的反义词是"背叛"。"忠诚""背叛"这4个字的问题在当年的革命斗争中是非常突出的。现在虽然是和平年代，但无硝烟的战争依然存在，党员干部依然面临着"忠诚"与"背叛"的现实考验。

著名报告文学作家何建明先生曾经撰写过《忠诚与背叛》一书。这本书出版之后，著名的文艺评论家贺绍俊先生给这本书写过书评。书评中有这样一段话：

"'忠诚与背叛——每个革命者、每个共产党人都无法回避的选择，即使在和平时期，我们的内心和灵魂也时刻都在接受这样的考问与考验。'当今社会，人们最憎恶的事情就是权力的腐败，其中一个重要的原因就是一些共产党员缺乏对党的信仰和对事业的忠诚，一旦掌握了权力，就私欲膨胀，以权谋私。我们阅读革命历史，痛恨那些给革命事业带来极大危害的叛徒。其实，今天的贪官不就是和平时代的叛徒吗？他们叛变了入党的誓言，叛变了对人民的承诺。甚至他们比革命年代的叛徒更加不齿，因为他们既没有遭遇敌人的严刑拷打，也不必忍受坐老虎凳的痛苦，却在香风的熏染下拱手交出了自己的良心。"[1]

贺绍俊先生的这段话说得非常深刻。近些年来落马的党员干部,无不是在香风熏染下、在利益的诱惑下拱手交出了自己的良心,丧失了党性,叛变了入党的誓言。

据中央纪委国家监委网站2018年10月15日通报,中国华融资产管理股份有限公司党委书记、董事长赖小民,"身为党员领导干部,理想信念完全丧失,党性原则荡然无存,擅权妄为、腐化堕落、道德败坏、生活奢靡,甘于被'围猎'……"

2021年1月5日,天津市第二中级人民法院公开宣判赖小民受贿、贪污、重婚一案,对被告人赖小民以受贿罪判处死刑,剥夺政治权利终身,并处没收个人全部财产;以贪污罪,判处有期徒刑十一年,并处没收个人财产人民币二百万元;以重婚罪,判处有期徒刑一年,决定执行死刑,剥夺政治权利终身,并处没收个人全部财产。

经最高人民法院核准,2021年1月29日上午,天津市第二中级人民法院依照法定程序对赖小民执行了死刑。

赖小民之死给党员、党员干部敲响了警钟。这也是一个叛变入党誓言,对党不忠诚者的必然结果。

(三)对党忠诚是选任干部的首要标准

把政治标准放在第一位,是中国共产党在干部选拔任用上所始终坚持的标准条件。而政治标准的首要一点,就是对党忠诚。

1937年5月8日,毛泽东同志在延安召开的中国共产党全国代表会议上的讲话指出:"指导伟大的革命,要有伟大的党,要有许多最好的

---

[1] 贺绍俊:《历史照进现实 信仰不容缺失——读〈忠诚与背叛〉》,《光明日报》,2012年2月27日。

干部。"[1]什么样的干部是最好的干部？毛泽东给出了答案。这就是："懂得马克思列宁主义，有政治远见，有工作能力，富于牺牲精神，能独立解决问题，在困难中不动摇，忠心耿耿地为民族、为阶级、为党而工作。"[2]

一个好干部，必须"忠心耿耿地为民族、为阶级、为党而工作"，这强调的就是对党忠诚。

1940年11月，陈云同志在担任中共中央组织部部长期间，曾经撰写了《关于干部工作的若干问题》的讲话提纲。他在这篇讲话提纲中，提出了当时挑选干部的四条标准。其中第一条标准就是"忠实于无产阶级事业，忠实于党"[3]。他说："忠实，讲得具体一点，就是革命利益高于一切，有为党慷慨牺牲个人一切的决心。"[4]

党的十八大以来，习近平总书记更是反复强调选拔任用干部要对党忠诚的标准。强调"选人用人必须把好政治关，把是否忠诚于党和人民，是否具有坚定理想信念，是否增强'四个意识'、坚定'四个自信'，是否坚决维护党中央权威和集中统一领导，是否全面贯彻执行党的理论和路线方针政策，作为衡量干部的第一标准"[5]。

---

[1] 毛泽东：《为争取千百万群众进入抗日民族统一战线而斗争》（1937年5月8日），《毛泽东选集》第1卷，北京：人民出版社，1991年6月第2版，第277页。

[2] 毛泽东：《为争取千百万群众进入抗日民族统一战线而斗争》（1937年5月8日），《毛泽东选集》第1卷，北京：人民出版社，1991年6月第2版，第277页。

[3] 陈云：《关于干部工作的若干问题》（1940年11月29日），《陈云文选》（1926—1949年），北京：人民出版社1984年版，中国人民解放军战士出版社重印，第145页。

[4] 陈云：《关于干部工作的若干问题》（1940年11月29日），《陈云文选》（1926—1949年），北京：人民出版社1984年版，中国人民解放军战士出版社重印，第145页。

[5] 习近平：《努力造就一支忠诚干净担当的高素质干部队伍》，《求是》，2019年第2期。

（四）新时代对党忠诚的具体要求

习近平总书记指出："对党忠诚，不是抽象的而是具体的，不是有条件的而是无条件的，必须体现到对党的信仰的忠诚上，必须体现到对党组织的忠诚上，必须体现到对党的理论和路线方针政策的忠诚上。人民立场是马克思主义政党的根本政治立场，人民是历史进步的真正动力，群众是真正的英雄，人民利益是中国共产党一切工作的根本出发点和落脚点。"[1]

习近平总书记的这段讲话，对新时代党员、党员干部做到对党忠诚，提出了明确而具体的要求。

第一，忠诚于党的信仰。在新时代，党员、党员干部对党忠诚首先要体现在对党的信仰的忠诚上。马克思主义是共产党人的坚定信仰。习近平总书记指出："无论是处于顺境还是逆境，中国共产党从未动摇对马克思主义的信仰"，"背离或放弃马克思主义，中国共产党就会失去灵魂、迷失方向。在坚持马克思主义指导地位这一根本问题上，我们必须坚定不移，任何时候任何情况下都不能有丝毫动摇"[2]。

党员、党员干部一定要保持对党的信仰的忠诚，不论时代如何变化，不论条件如何变化，都要做到风雨如磐不动摇。

李达（1890年10月2日—1966年8月24日），就是一个对党的信仰无比忠诚的革命者。

李达是中国共产党主要创始人之一，也是中国著名的马克思主义启蒙思想家，知名的马克思主义理论家。曾任中共一大、二大和八大代表，一届中共宣传主任，历任湖南大学校长，武汉大学校长。

1956年7月，时任武汉大学校长的李达去看望在武昌东湖宾馆下榻的

---

[1]《中共中央政治局召开民主生活会 习近平主持会议并发表重要讲话》，新华社，2016年12月27日。

[2] 习近平：《不忘初心，继续前进》（2016年7月1日），《习近平谈治国理政》第2卷，北京：外文出版社，2017年11月第1版，第33页。

毛泽东,毛泽东当面评价李达说:"你从'五四'时期传播马克思主义算起,到全国解放,可称得上是理论界的'黑旋风'。""你就是理论界的鲁迅,我一直就是这么个看法!"[1]

李达曾经对他的学生吕振羽说:"不管形势如何变化、环境怎么恶劣,我这个'老寡妇'是决不失节的。"

他的座右铭是:"讲马克思主义就要敢于坚持真理,修正错误,言行一致,决不能墙头一棵草,风吹两边倒。"[2]

这就是对党的信仰的忠诚。正因为如此,1939 年,在延安的毛泽东曾经写信给李达,称赞他是"真正的人"。

第二,忠诚于党的组织。中国特色社会主义最本质的特征是中国共产党领导,中国特色社会主义制度的最大优势是中国共产党领导。坚持和完善党的领导,是党和国家的根本所在、命脉所在,是全国各族人民的利益所在、幸福所在。为此,党员、党员干部对党忠诚,必须对党的组织保持忠诚。

对党的组织忠诚,核心要义是做到"两个维护",即坚决维护习近平总书记党中央的核心、全党的核心地位,坚决维护党中央权威和集中统一领导,保证全党令行禁止。

2018 年修订并于当年 10 月 1 日起施行的《中国共产党纪律处分条例》在第一章第二条明确要求全党"坚决维护习近平总书记党中央的核心、全党的核心地位,坚决维护党中央权威和集中统一领导。"

党员、党员干部坚决维护党中央的权威,就要做到个人服从党的组织,少数服从多数,下级组织服从上级组织,全党各个组织和全体党员服从党的全国代表大会和中央委员会,坚决反对一切派别组织和小集团活动,反

---

[1] 汪信砚:《"理论界的鲁迅"李达》,《光明日报》,2017 年 9 月 11 日。
[2] 汪信砚:《"理论界的鲁迅"李达》,《光明日报》,2017 年 9 月 11 日。

对阳奉阴违的两面派行为和一切阴谋诡计。

"四个服从",最根本的就是全党服从中央。这就要求党员、党员干部从党性原则、人民利益的高度出发,在思想上政治上行动上同党中央保持高度一致,坚决服从党中央的统一领导,决不能有令不行,有禁不止,甚至搞独立王国、团团伙伙。

第三,忠诚于党的理论和路线方针政策。党的理论和路线方针政策是推动党和国家各项事业发展的根本遵循。

中国共产党是中国特色社会主义事业的领导核心,代表中国先进生产力的发展要求,代表中国先进文化的前进方向,代表中国最广大人民的根本利益。如何领导?如何代表?党的理论和路线方针政策就是具体的领导、代表方略。

因此,党员、党员干部对党忠诚,就必须忠诚党的理论路线方针政策。这是对党忠诚的核心要义。

党员、党员干部对党的理论和路线方针政策的忠诚,就要认真学习、深刻领会党的理论和路线方针政策,就要坚定不移贯彻落实执行党的理论和路线方针政策。就新时代而言,就是要统筹推进"五位一体"总体布局,协调推进"四个全面"战略布局,不断把实现"十四五"时期经济社会发展主要目标和二〇三五年远景目标推向前进。

二、以坚定的理想信念砥砺对党的赤诚忠心

中国共产党的理想信念,就是对马克思主义的信仰,对社会主义和共产主义的信念。党员干部必须"以坚定的理想信念砥砺对党的赤诚之心"[1]。

---

[1]《习近平在中央党校(国家行政学院)中青年干部培训班开班式上发表重要讲话强调 立志做党光荣传统和优良作风的忠实传人 在新时代新征程中奋勇争先建功立业》,《人民日报》,2021年3月2日,第1版。

（一）理想信念是共产党人精神上的"钙"

"理想信念就是共产党人精神上的'钙',没有理想信念,理想信念不坚定,精神上就会'缺钙',就会得'软骨病'。"[1] 这是2012年11月17日习近平在十八届中共中央政治局第一次集体学习时的讲话中所说的一段话。习近平总书记的这段讲话生动形象地说明了理想信念的重要作用。

事实证明,理想信念动摇是最危险的动摇,理想信念滑坡是最危险的滑坡。党员、党员干部必须把对马克思主义的信仰、对社会主义和共产主义的信念作为毕生追求,否则,就会走向不归路。

2019年9月,中央纪委国家监委在对云南省委原书记秦光荣严重违纪违法被开除党籍的通报中提到,"秦光荣理想信念丧失,背弃初心使命,毫无党性原则,对党不忠诚不老实,做两面人,公开发表与全面从严治党要求相违背的言论,履行主体责任失职失责,徇私干预纪检监察工作,严重破坏党的组织路线,扭曲用人导向,大搞迷信活动。"[2]

2021年1月,云南省纪委监委制作的《清流毒——云南在行动》第三集《清"大师"辨捐客净土壤》首次披露了上述问题的细节。

秦光荣为当上副国级领导,不把心思用在如何造福云南老百姓上,不相信组织,背弃了自己的信仰,将自己仕途晋升的希望寄托在所谓"大师"身上。对于相传中的昆明"长虫山"因被捆龙锁阵破坏了风水,云南才出不了大领导这种荒谬的说话,竟然深信不疑。他假借恢复"长虫山"历史文化之名,实搞所谓"破阵"之法——布下"先天无极八卦阵",拉来石

---

[1] 习近平:《紧紧围绕坚持和发展中国特色社会主义学习宣传贯彻党的十八大精神》(2012年11月17日),《习近平谈治国理政》第1卷,北京:外文出版社,2014年10月第1版,第15页。

[2]《全国人大原内务司法委员会副主任委员、云南省委原书记秦光荣严重违纪违法被开除党籍》,中央纪委国家监委网站,2019年9月26日。

碑"镇山",又把古人挖的地沟填满。结果呢?秦光荣不仅没有荣升副国级,还身陷囹圄。

美国黑人领袖马丁路德·金曾经说过这样一句话:"这个世界上,没有人能使你倒下,如果你的信念还站立着的话。"

一个理想信念坚定的共产党人,是没有什么能让他倒下的。夏明翰就是理想信念坚定的共产党人。

"'砍头不要紧,只要主义真','敌人只能砍下我们的头颅,决不能动摇我们的信仰',这些视死如归、大义凛然的誓言生动表达了共产党人对远大理想的坚贞。理想之光不灭,信念之光不灭。"[1] 习近平总书记在庆祝中国共产党成立95周年大会上的讲话里提到的这一句革命烈士名言,就出自夏明翰之口。

夏明翰(1900年8月1日—1928年3月20日)是无产阶级革命家,革命烈士。2009年被评为"100位为新中国成立作出突出贡献的英雄模范人物"。

1928年2月,由于叛徒出卖,夏明翰同志在武汉被捕。在狱中,他充分表现了共产党人的崇高气节。

一天,有个法官前来劝降。他要夏明翰同志放弃自己的信仰,并许诺给夏明翰同志高官做。夏明翰同志严词拒绝了他。

法官见用高官打动不了夏明翰,便又用亲情来劝说他,开导他凡事要三思而行,要顾及自己的老母妻儿。

夏明翰义正严词地对法官说:"为共产主义奋斗终生,我已不是三思而行,而是百思而行。我可以牺牲我的生命,但决不能放弃我的信仰。"

敌人见劝降不行,就对夏明翰同志动用酷刑,但酷刑照样没有使他屈服。敌人无计可施,便丧心病狂地宣布将夏明翰同志"就地处决"。

---

[1] 习近平:《在庆祝中国共产党成立95周年大会上的讲话》,人民网2016年7月2日。

夏明翰同志高唱着《国际歌》走上了刑场，并在刑场上写下了一首光耀千古的就义诗："砍头不要紧，只要主义真；杀了夏明翰，还有后来人。"

诗人萧三曾经回忆说："夏明翰同志党性很纯洁，没有一点花招，扎扎实实，不说假话。要说他的性格、脾气，四句诗完全可以代表，是真心话，没有做作，很难得的就是他这言行一致。"

江竹筠（1920年8月20日—1949年11月14日）烈士也是如此。1948年6月14日，由于叛徒出卖，江竹筠不幸被捕，被关押在重庆渣滓洞监狱。在狱中，她受尽了国民党军统特务的各种酷刑，老虎凳、吊索、带刺的钢鞭、撬杠、电刑……，甚至竹签钉进十指。特务妄想从她的口中获得秘密，以破获重庆地下党组织。面对敌人的严刑拷打，江竹筠始终坚贞不屈，"你们可以打断我的手，杀我的头，要组织是没有的。""毒刑拷打，那是太小的考验。竹签子是竹子做的，共产党员的意志是钢铁铸成的！"

1949年11月14日，在重庆即将解放的前夕，江竹筠被国民党军统特务杀害于歌乐山电台岚垭，为共产主义理想献出了年仅29岁的生命。

是什么力量让夏明翰这位看似文弱的书生在敌人的屠刀面前屹立不倒？是什么力量让江竹筠这位看似文弱的女子在敌人的酷刑下坚贞不屈？是理想信念的力量。他们相信共产主义必定能在世界得到光荣的胜利，为此，他们"勇往奋进以赴之""殚精瘁力以成之""断头流血以从之"，用生命来殉其理想，殉其信仰。

（二）理想信念的坚定源自思想理论的坚定

"以坚定的理想信念砥砺对党的赤诚之心"，坚定理想信念是前提。而坚定的理想信念，源自思想理论的坚定。正如习近平总书记所指出的："认识真理，掌握真理，信仰真理，捍卫真理，是坚定理想信念的精神前提。"[1]

共产党人理想信念的坚定，就是建立在马克思主义科学真理的基础之上，建立在马克思主义揭示的人类社会发展规律的基础之上，建立在为最广大人民谋利益的崇高价值的基础之上。

因此，党员、党员干部要坚定理想信念，以坚定的理想信念砥砺对党的赤诚之心，就要认真深入学习马克思主义理论，学习马克思主义基本原理，学习马克思主义揭示的人类社会发展规律的理论，学习马克思主义中国化的成果，即毛泽东思想、邓小平理论、"三个代表"重要思想、科学发展观和习近平新时代中国特色社会主义思想，用真理武装自己的头脑，用真理指引理想的方向，用真理坚定自己的信仰。

党员、党员干部的学习，必须"要坚持学而信、学而思、学而行，把学习成果转化为不可撼动的理想信念，转化为正确的世界观、人生观、价值观，用理想之光照亮奋斗之路，用信仰之力开创美好未来"[2]。

总之，党员、党员干部要不断提高马克思主义思想觉悟和理论水平，掌握马克思主义的立场观点，始终保持对远大理想和奋斗目标的清醒认知和执着追求，为坚定共产主义理想和社会主义信念打下坚实的思想基础。

（三）理想信念永远是共产党人的政治灵魂

中国共产党从诞生的时刻起，就把共产主义确立为远大理想。

1921年党的"一大"通过的《中国共产党纲领》（俄文译稿）就明确宣称："革命军队必须与无产阶级一起推翻资本家阶级的政权，必须援助工人阶级，直到社会阶级区分消除的时候；直至阶级斗争结束为止，即直到社会的阶级区分消灭为止，承认无产阶级专政；消灭资本家私有制，没收机器、

---

[1] 习近平：《在纪念红军长征胜利八十周年大会上的讲话》，新华网，2016年10月21日。
[2] 习近平：《在纪念红军长征胜利八十周年大会上的讲话》，新华网，2016年10月21日。

土地、厂房和半成品等生产资料。"

这段话虽然没有明确提出"共产主义"这个概念，但却蕴含着马克思、恩格斯所提出的共产主义思想。根据马克思、恩格斯的理论，实现共产主义要经过数个阶段，第一个阶段就是无产阶级专政阶段，列宁把这个阶段称为社会主义。无产阶级专政的作用是进行社会主义建设，把人类社会从资本主义过渡到共产主义，并阻止资本主义的复辟。在这一段时期，商品生产和货币经济仍然存在。

当社会主义建设完成后，商品生产和货币经济就会完全消失。最后，人类的社会就进入共产主义社会。在共产主义社会，生产力高度发达，物质财富极大丰富，人类精神文明达到最高的境界。

共产主义社会的实现，标志着全人类的彻底解放。在共产主义社会，没有阶级对立，没有贫富差距，没有城乡之间、工农之间以及脑力劳动与体力劳动之间的差别，人们"各尽所能，按需分配"，每个人都过着幸福、快乐有尊严的生活。

这是中国共产党所追求的伟大社会理想，是中国共产党的初心和使命，也是中国共产党人的政治灵魂。

中国共产党在百年历史中，为什么能遭遇各种挫折而不断奋起？为什么能历尽苦难而淬火成钢？就在于中国共产党有着共产主义理想这一远大目标的追求，而且始终坚定执着。

二万五千里长征的胜利，就是中国共产党人理想信念的胜利。红色经典史诗《长征组歌》以艺术的形式再现了长征途中艰难的历程。1965年，为纪念红军长征胜利30周年，曾参加过长征的中国人民解放军开国上将肖华回顾他在长征中的真实经历、历时半年，完成了12首形象鲜明、感情真挚的史诗——《长征组歌》。

"红军夜渡于都河，跨过五岭抢湘江。三十昼夜飞行军，突破四道封锁墙。不怕流血不怕苦，前仆后继杀虎狼。""风雨侵衣骨更硬，野菜充饥志越坚。官兵一致同甘苦，革命理想高于天。"这些歌词真实地再现了长征途中中国共产党人是怎样在理想信念的激励下，下定决心，不怕牺牲，排除万难，奋勇向前的。

歌词中"抢湘江"虽然只有三个字，但这三个字的背后，却是血染湘江。国务院前副总理耿飚将军参加过湘江战役。他的女儿耿莹说："父亲是湖南人，很喜欢吃鱼，但是绝不吃湘江的鱼。为什么不吃湘江的鱼？因为湘江战役太惨烈了，多少战友的血都流在湘江，湘江的水都是红的。"

"耿飚在回忆录中写道：尖峰岭失守，我们处于三面包围之中。敌人直接从我侧翼的公路上，以宽大正面展开突击。我团一营与敌人厮杀成一团，本来正在阵地中间的团指挥所，成了前沿。七八个敌兵利用一道土坎做掩体，直接窜到了指挥所前面，我组织团部人员猛甩手榴弹，打退一批又钻出一批。警卫员杨力一边用身体护住我，一边向敌人射击，连声叫我快走。我大喊一声：'拿马刀来！'率领他们扑过去格斗。收拾完这股敌人（约一个排）后，我的全身完全成了血浆，血腥味使我不停地干呕。"[1]

二万五千里长征路，血战湘江，四渡赤水，巧渡金沙江，强渡大渡河，飞夺泸定桥，鏖战独树镇，勇克包座，转战乌蒙山，击退上百万穷凶极恶的追兵阻敌，征服空气稀薄的冰山雪岭，穿越渺无人烟的沼泽草地，在红一方面军二万五千里的征途上，平均每 300 米就有一名红军战士牺牲。

湘江战役的惨烈程度、长征途中的凶险艰难，由此可见一斑。但就是在这样异常艰难险阻下，"红军不怕远征难，万水千山只等闲。五岭逶迤腾细浪，乌蒙磅礴走泥丸。"这是因为"革命理想高于天"。

正因为有了革命理想这一政治灵魂，红军不怕万里长征路上的一切艰难困苦，把千山万水都看得极为平常。绵延不断的五岭，在红军看来只不

---

[1]《耿飚之女耿莹：父亲不愿回忆湘江战役不吃湘江鱼》，人民网－中国共产党新闻网，2016 年 12 月 13 日。

过是微波细浪在起伏,而气势雄伟的乌蒙山,在红军眼里也不过是一颗泥丸而已。

三、自觉加强政治历练,提高"政治三力"

"政治三力"是政治判断力、政治领悟力、政治执行力的简称。锤炼对党忠诚的赤子之心,离不开政治历练和严格的党内政治生活淬炼,更离不开政治判断力、政治领悟力、政治执行力的提高。果如此,才能使自己的政治能力同担任的工作职责相匹配。

(一)提高政治判断力,准确做出政治判断

判断,是分辨、断定的意思,也就是能分辨、断定出事物的是非曲直、吉凶善恶。所谓政治判断力,就是能从政治上判断出所面对的问题价值上的是与非,方向上的对与错,选择上的利与弊,等等。

习近平总书记指出:"政治上的主动是最有利的主动,政治上的被动是最危险的被动。"[1]提高政治判断力,是政治上主动的前提条件和基础。而政治上主动了,就能"不畏浮云遮望眼","乱云飞渡仍从容",在错综复杂的形势中作出科学准确的预判,从而指导、领导、推动各项事业向前发展。

综观中国共产党的百年历史,正是由于不同时期的领袖人物具有超强的政治判断力,才能在重大历史关头,对形势作出科学准确的判断,从而有力地推动了中国革命、建设和改革的历史进程。

1927年,蒋介石、汪精卫先后叛变革命,第一次国内革命战争失败,

---

[1]《中共中央政治局召开民主生活会强调 加强政治建设提高政治能力坚守人民情怀 不断提高政治判断力政治领悟力政治执行力》,《人民日报》,2020年12月26日,第1版。

中国共产党和革命事业的前途命运处在一个关键时刻。8月7日，中共中央在汉口原俄租界三教街41号（今鄱阳街139号）召开了中央紧急会议，即"八七会议"。会议总结了第一次国内革命战争失败的经验教训，纠正了陈独秀的右倾机会主义错误。就是在这次会议上，毛泽东提出了著名的"枪杆子里出政权"的政治论断。毛泽东在会议的发言中指出："以后要非常注意军事，须知政权是由枪杆子中取得的。"

这是基于中国当时国情的特点做出的准确政治判断。当时的中国内部没有民主，只能以革命武装斗争为主要形式，从而确定了武装反对国民党反动派的方针。

20世纪90年代初，面对"姓资姓社"这一严重干扰改革开放进程的争论，邓小平冷静观察，抓住要害，在南方谈话中提出了"社会主义本质是解放生产力，发展生产力，消灭剥削，消除两极分化，最终达到共同富裕"的著名论断，以及"三个有利于"（即是否有利于发展社会主义社会的生产力，是否有利于增强社会主义国家的综合国力，是否有利于提高人民的生活水平）的判断标准，从而为加快改革开放进程、发展社会主义市场经济扫除了思想上的障碍。

新时代，以习近平同志为核心的党中央同样有着超强的政治判断力。

2020年7月30日，中共中央政治局召开会议。中央政治局会议用三个"仍然"对"十四五"时期发展大势作出精准判断："我国发展仍然处于战略机遇期"，"和平与发展仍然是时代主题"，"发展不平衡不充分问题仍然突出"。

正是基于这种正确的政治判断，中国共产党第十九届中央委员会第五次全体会议提出了"十四五"时期经济社会发展六大主要目标。

中国共产党人的政治判断力是建立在党的基本理论、基本路线、基本方针之上的，是有着明确价值取向的。习近平总书记指出，"增强政治判断力，就要以国家政治安全为大、以人民为重、以坚持和发展中国特色社会主义为本。"[1] 这其实就是明确了领导干部政治判断力的价值取向。

新时代党员干部提高政治判断力，必须要坚持政治判断力的价值取向。唯有这样，才能在错综复杂的局面中清醒把握政治逻辑，坚定政治方向，作出科学准确的政治判断。

（二）提高政治领悟力，牢牢把稳思想之舵

"领悟"就是领会、悟透的意思。"领会"就是通过学习和实践了解掌握基本情况，"悟透"就是在了解的基础上，深化认识，把握精髓，并且经过消化吸收，转化为自身的认知。

所谓政治领悟力，就是从政治上领会、悟透马克思主义基本原理；领会、悟透党的理论、路线、方针、政策；领会、悟透习近平新时代中国特色社会主义思想。

党员、党员干部领会、悟透了马克思主义基本原理，领会、悟透了党的理论、路线、方针、政策，领会、悟透了习近平新时代中国特色社会主义思想，行动上就有了正确的指南，就能牢牢把握住思想之舵，对党忠诚就有了思想指引。

党员、党员干部提高政治领悟力，首先，要从加强学习入手。学习马克思主义基本理论，学习党的理论、路线、方针、政策，学习习近平新时代中国特色社会主义思想，这是提高政治领悟力的前提和基础。没有这个基础，政治领悟力就成了无源之水、无本之木。

习近平总书记强调，"只有加强学习，才能增强工作的科学性、预见性、主动性，才能使领导和决策体现时代性、把握规律性、富于创造性，避免陷入少知而迷、不知而盲、无知而乱的困境，才能克服本领不足、本

---

[1]《中共中央政治局召开民主生活会强调　加强政治建设提高政治能力坚守人民情怀　不断提高政治判断力政治领悟力政治执行力》，《人民日报》，2020年12月26日，第1版。

领恐慌、本领落后的问题。"[1]

学习还要思考。孔子有言："学而不思则罔，思而不学则殆。"只读书学习而不思考问题，就有可能遭到蒙蔽而陷于迷惑；只重视思考而不注重学习，问题就仍然疑惑不解。

宋代著名思想家朱熹也说："大抵观书须先熟读，使其言皆若出于吾之口；继以精思，使其意皆若出于吾之心，然后可以有得尔。"（《朱子大全·读书之要》）

朱熹的这段话的意思是说，要把书本上的知识化为自己的思想，必须在熟读精思上下功夫。囫囵吞枣似的读书，读了等于没读。只有熟读，才能理解得深透，记得扎实；只有精思，才能融会贯通。

党员、党员干部提高政治领悟力，不仅要勤学，更要善思。"书本上的东西是别人的，要把它变为自己的，离不开思考；书本上的知识是死的，要把它变为活的，为我所用，同样离不开思考。读书学习的过程，实际上是一个不断思考认知的过程。思考是阅读的深化，是认知的必然，是把书读活的关键。如果只是机械地阅读、被动地接受、简单地浏览，没有思考，人云亦云，再好的知识也难以吸收和消化。"[2] 习近平总书记的这段话精辟地论述了学习与思考这二者之间的关系。

（三）提高政治执行力，实现远大理想之钥

执行，是贯彻施行，实际履行。所谓政治执行力，就是把党在政治上的各种要求贯彻施行到位，并将要求的内容转化为现实结果的实践过程。

党员、党员干部对党忠诚，就要为实现党的远大理想目标而奋斗，把

---

[1] 习近平：《依靠学习走向未来》（2013年3月1日），《习近平谈治国理政》第1卷，北京：外文出版社，2014年10月第1版，第404页。

[2] 习近平：《领导干部要爱读书读好书善读书》，中共中央党校（国家行政学院）网站，2009年5月13日。

远大理想目标变为现实。而把远大理想目标变为现实，是离不开政治执行力的。

中国共产党为什么能带领中国人民实现了从站起来到富起来，再到强起来的伟大飞跃？一个很重要的原因就是中国共产党是一个有着非凡政治执行力的政党。巴西中国问题研究中心主任罗尼·林斯在接受《参考消息》记者采访时指出，中国共产党超强的执行力让很多国家赞叹不已，在党的领导下中国人民能够齐心协力、共克时艰，这在拉美很难做到。[1]智利驻华大使贺乔治在接受《人民日报》采访时也不由赞叹："中国的许多地方都给我留下了深刻的印象，但最让我为之惊叹的，是中国发展的决心和执行力。"[2]

且不说28年浴血奋战，也不说改革开放四十年的伟大成就，就说2020年的抗击新冠肺炎疫情，就足以显现中国共产党的政治执行力。

2020年我国遭遇了新冠肺炎疫情，在疫情发生后的8个多月时间里，"我们党团结带领全国各族人民，进行了一场惊心动魄的抗疫大战，经受了一场艰苦卓绝的历史大考，付出巨大努力，取得抗击新冠肺炎疫情斗争重大战略成果，创造了人类同疾病斗争史上又一个英勇壮举！"[3]

新冠肺炎疫情是世界百年来发生的最严重的传染病大流行，是新中国成立以来我国遭遇的传播速度最快、感染范围最广、防控难度最大的重大突发公共卫生事件。突袭而至的病毒，来势汹汹的疫情，严重威胁着人民群众的生命安全和身体健康。

面对突如其来的严重疫情，以习近平同志为核心的党中央统揽全局、果断决策，以非常之举应对非常之事。"迅速打响疫情防控的人民战争、总体战、阻击战，用1个多月的时间初步遏制疫情蔓延势头，用2个月左

---

[1]《巴西专家：拉美羡慕中共超强执行力》，参考消息网，2016年6月30日。
[2] 杜一菲、宦翔：《中国成功的秘诀是执行力》，新华网，2017年11月30日。
[3] 习近平：《在全国抗击新冠肺炎疫情表彰大会上的讲话》，人民网，2020年9月10日。

右的时间将本土每日新增病例控制在个位数以内，用3个月左右的时间取得武汉保卫战、湖北保卫战的决定性成果，进而又接连打了几场局部地区聚集性疫情歼灭战，夺取了全国抗疫斗争重大战略成果。"[1]

在此基础上，党中央又带领全国各族人民统筹推进疫情防控和经济社会的发展工作，抓紧恢复生产生活秩序，并取得了显著的成效。

中国共产党这种非凡的政治执行力，举世罕见。而中国共产党这种非凡的政治执行力，源于每一位党员、每一位党员干部的政治执行力。

2015年5月25日，《贵州商报》上有一则普通的共产党员坚守秘密40年，管护防空洞的通讯报道。1973年1月，《人民日报》传达了党中央、毛泽东同志"深挖洞、广积粮、不称霸"的指示，全国各地开展了建设防空设施的活动。1975年，册亨县人武部时任部长、政委找到在县基建办负责民兵和武装工作的何文勋，让他修建防空洞，作为全县的防空指挥部。领导要求，设计和施工全部由何文勋负责，不能有图纸，更不能向任何人透露施工情况。何文勋奉命修建了这项秘密国防工程。1976年，党组织赋予他守护这一工程的任务。"保证完成任务！"何文勋一诺千金，常在工作之余进入防空洞，叩石垦壤，洒扫除草，让防空洞始终面貌如新。

退休后，因为没有接到党组织新的指示，何文勋依然看护着防空洞。40年间，日渐老去的何文勋拒绝了儿女接他去住新房、享清福的请求，始终住在附近的简陋老屋里。历经数十年的世事变换、人事更迭，"防空指挥部"成了何文勋一个人的秘密。近来，他感到身体日渐衰弱，思来想去，3月18日，他来到册亨县人武部，严肃地报告："首长，我来交接党给的任务……"终于，在40年后，何文勋完成了任务交接。一位普通的老党员用40年的时光诠释了什么是政治执行力。对上级交代的任务坚决执行，

---

[1] 习近平：《在全国抗击新冠肺炎疫情表彰大会上的讲话》，人民网，2020年9月10日。

毫不迟疑。[1]

党员、党员干部要提高政治执行力,首先要强化政治执行意识。强化政治执行意识,就是要做一个把信送给加西亚的人。

一百多年前的一天,美国总统麦金莱把一封有关战争的信交给了一位名叫安德鲁·罗文的中尉,要求他"必须把信送给加西亚……并且要独立完成任务"。

安德鲁·罗文把信送给了加西亚,并且为麦金莱总统带回了宝贵的情报,出色地完成了任务。尽管送信的途中困难重重,险象环生,但安德鲁·罗文却没有提出任何问题,只是忠诚地把信送给了加西亚。

这个故事随着出版家阿尔伯特·哈伯德的名篇《把信送给加西亚》而在世界各地广泛流传。

党员、党员干部强化政治执行意识,做一个把信送给加西亚的人,就是在政治执行的过程中,不管遇到任何困难,不管遭遇任何挫折,都有着坚定的信念,咬定青山不放松,直至执行的目标得以实现。

其次,强化责任意识。习近平总书记在提到政治执行力时,强调"要强化责任意识,知责于心、担责于身、履责于行"[2]。

知责于心,就是要知道自己应该承担着哪些政治责任,牢记在心;担责于身,就是无条件地把自己应该承担的责任扛在肩头,不推卸,不回避;履责于行,就是在工作中履行自己的责任。经常同党中央精神对标对表,确保不折不扣贯彻执行到位。

"全国优秀共产党员""时代楷模"廖俊波就是一位具有强烈政治执行意识的领导干部。廖俊波生前担任福建省南平市委常委、副市长、武夷

---

[1]《86岁老兵坚守深山国防工程40年用一生践行"忠诚"》,贵州文明网,2016年7月20日。
[2]《中共中央政治局召开民主生活会强调 加强政治建设提高政治能力坚守人民情怀 不断提高政治判断力政治领悟力政治执行力》,《人民日报》,2020年12月26日,第1版。

新区党工委书记。他入党25年来，始终信念坚定、不忘初心，对党和人民无限忠诚，在每一个工作岗位都倾心尽力为党和人民事业奋斗，直至生命最后一刻。他当事不推责、遇事不避难。担任政和县委书记期间，时刻想着如何让老区人民尽快脱贫增收，常年奔忙在项目建设、园区开发、脱贫攻坚工作一线。政和县3年多时间累计减少贫困人口3万多人，连续3年进入福建省县域经济发展"十佳"。

习近平总书记对廖俊波同志先进事迹作出重要指示强调，"廖俊波同志任职期间，牢记党的嘱托，尽心尽责，带领当地干部群众扑下身子、苦干实干，以实际行动体现了对党忠诚、心系群众、忘我工作、无私奉献的优秀品质，无愧于'全国优秀县委书记'的称号，广大党员、干部要向廖俊波同志学习，不忘初心、扎实工作、廉洁奉公，身体力行把党的方针政策落实到基层和群众中去，真心实意为人民造福。"[1]

党员、党员干部要向廖俊波学习，强化政治执行意识，知责于心、担责于身、履责于行，积极主动、尽心尽责、全面准确贯彻执行党中央决策部署。

四、以实际行动诠释对党的忠诚

习近平总书记强调，"我们共产党人的根本，就是对马克思主义的信仰，对共产主义和社会主义的信念，对党和人民的忠诚。立根固本，就是要坚定这份信仰、坚定这份信念、坚定这份忠诚，只有在立根固本上下足了功夫，才会有强大的免疫力和抵抗力。"[2]

"坚定这份信仰、坚定这份信念、坚定这份忠诚"，不是口头上的"坚

---

[1]《中宣部追授廖俊波"时代楷模"荣誉称号》，新华网，2017年6月20日。
[2]《习近平在中共中央政治局第二十六次集体学习时强调 时时铭记事事坚持处处上心 以严和实的精神做好各项工作》，新华网，2015年9月12日。

定",而必须是行动上的坚定,能够做到"为党分忧、为国尽责、为民奉献,勇于担苦、担难、担重、担险,以实际行动诠释对党的忠诚"[1]。

(一)为党分忧、为国尽责、为民奉献

习近平总书记在十九大报告中指出:"全党同志特别是高级干部要加强党性锻炼,不断提高政治觉悟和政治能力,把对党忠诚、为党分忧、为党尽职、为民造福作为根本政治担当,永葆共产党人政治本色。"[2]

党员、党员干部用行动诠释对党忠诚,就必须为党分忧、为党尽职、为国尽责、为民造福。甘祖昌将军就是千千万万优秀共产党人的典范人物。

甘祖昌(1905年3月23日—1986年3月28日),出生于江西省莲花县坊楼乡沿背村一个贫农家庭。他1927年加入中国共产党,1928年参加中国工农红军,参加过井冈山斗争、二万五千里长征、南泥湾大生产运动及保卫陕甘宁边区、解放大西北等许多战役,身经百战,三次身负重伤。1955年被授予少将军衔,并荣获八一勋章、独立自由勋章、解放勋章,可谓战功卓著。

全国解放后,甘祖昌担任过新疆军区后勤部副部长、部长等职。由于战争受伤留下的脑震荡后遗症,他的身体状态较差,他谢绝了组织上安排他到上海、青岛等地去治疗和疗养的建议,向组织申请回老家莲花农村参加劳动。

1957年9月,组织上批准了甘祖昌的申请,他带着家人,一家12口

---

[1]《习近平在中央党校(国家行政学院)中青年干部培训班开班式上发表重要讲话强调 立志做党光荣传统和优良作风的忠实传人 在新时代新征程中奋勇争先建功立业》,《人民日报》,2021年3月2日,第1版。

[2] 习近平:《决胜全面建成小康社会夺取新时代中国特色社会主义伟大胜利——在中国共产党第十九次全国代表大会上的报告》,(2017年10月18日),新华网,2017年10月27日。

坐在硬席车厢里回到了老家。行李被精简成三个箱子，三个麻袋。另外带了8只笼子，装着6头约克猪，15头安格拉兔，15只来亨鸡。

他回到家乡，一家三代12口人和他弟弟一家8口挤住在一栋小土砖房里，他们把柴草间打扫出来作住屋。人们劝他再盖一所新房，甘祖昌说："这房子还蛮好，挤一点算什么。再说，有钱要先用在发展生产上，只有生产发展了，我们生活水平才会提高。那时，大家都盖新房，我再盖也不晚呀！"

就在回乡第三天的清早，甘祖昌将军就和当地农民一样，拿着一根竹旱烟管，头上戴着一顶斗笠，穿着一身染黑了的打着补丁的旧军装，腰间系着一条白粗布带子，卷起高高的裤脚管，打着一双赤脚，拿着竹粪箕在村前村后拾起野粪来了。

当年冬天，他提出了改造社里120亩冬水田的主张。他不但亲自设计开沟排水的方案，拟定整套计划，而且每天拿着锄头和社员群众一道开沟。社员的锄头挖缺了，他出钱修理。冬水田需要大批的肥料，他捐出钱来买。冬水田终于给改造过来了，由每年种一季稻变成种两季稻。

1959年冬种时节，碰到天旱，种不下豌豆。社员们正忙于搞其他的生产，劳动力很紧张。于是甘祖昌一个人悄悄地花了十九天工夫到处去找水源，终于发现龙山口水库中还有些水。一天晚上他邀了老社员李炎恩一起去放水。在月色朦胧的冬夜，他们两人干了一通宵，把水库里的水从这丘田引到那丘田，40多亩田全给放进了水。第二天一早他就去通知生产队安排种豆子。以后社员们在吃豆子时都念念不忘地说："真亏了祖昌叔一片苦心！吃豆可不要忘了找水人啊！"为了发展生产，他不但积极出主意、出力气，而且把历年来省吃俭用积蓄下来的5400元钱全部献给了社里。

甘祖昌的家乡有大片红壤土，当年一片荒芜。1958年的冬天，甘祖昌开始进行在红壤土上种庄稼的试验。他的身体太差，挖不了十几下，就累得支撑不住了。可是他想，这总比在南泥湾时赤脚在布满冰碴的烂苇塘里开荒要容易得多吧。于是鼓鼓劲儿，又站起来抡起了锄头。当年种下的萝卜就有半斤多一个，番薯也结得又大又多。他领着孩子们苦战三年，把屋后的一座红壤山变成了花果山，种了柑桔、拐枣、板栗等果树，无偿的交给生产队经营。甘祖昌用实践有力地打破了"红壤土不能长庄稼"的迷信。许多群众都学着他的样子干起来。他培植出来的一些优良品种，也已经在周围几十里地的红壤土上繁殖了第二代，第三代……

回乡以后，尽管他是将军，身体有病，但他仍然和群众吃一样的饭菜。刚刚回到家里，他就叮咛弟弟和弟媳说："我们生活应当和群众一样，你们也不要为我添油加菜。"可是每逢吃饭时，他的弟媳陈水娇，一看到他那负伤的牙床吃力而又缓慢地咀嚼糙米饭的情形，心里就非常难过。一天，她偷偷地给他舂了点白米。甘祖昌看见了却说："可不敢这样，快收拾起来吧！群众吃糙米，我吃白米？！"还说："你不知道，糙米比白米营养价值高，牙床不好慢慢就会适应的。再说，这比起长征时野菜、野草填肚子强得多啦！"

省委、县委和公社为了照顾他的身体。曾打算每年多给他点菜油，每逢年节时送点面粉给他。甘祖昌都一一谢绝了，并且怀着感激的心情说："请你们还是当我是一个普通社员看待吧！社员怎样生活，我就怎样生活，不要再格外照顾我。"他回乡以后，从没有做过一件新衣服，都是把过去在部队里的黄色旧军装，染黑了再穿，破了打上几个补丁还穿。他的几条裤子，都在屁股和膝盖上补了许多块补丁。他的一条旧毛线裤，还是1939年在陕北时一位老战友送给他的，南征北战穿了几十年，已经补得无处下针了，他还要爱人给他补。无论是公家的还是个人的钱，他从来不乱花一文。他常说，多省一分钱，就为六亿人民多积累一分资金。[1]

---

[1] 甘祖昌的事迹是根据以下资料编写：吴家鸿、闻君：《甘祖昌》；李红锋主编：《共和国群英谱》，中国方正出版社1997年版；胡远宏：《光照后人》；《党建》杂志社编：《追寻永恒——共和国英模的昨天和今天》，学习出版社1997年版。

甘祖昌将军所做的一切，就是为党分忧、为国尽责、为民奉献。

1957年的国家经济状况，从1957年2月15日中共中央发出的《关于1957年开展增产节约运动的指示》中就可以看出端倪。该指示指出："为了和缓物资供应和财政支出的紧张局面，使经济战线在1956年巨大的进军以后，转向稳步前进，并且作必要的休整，必须在1957年对建设的规模和速度作适当的调整，必须用更大的努力在全国范围内开展群众性的增产节约运动。"[1] 为了给党分忧，甘祖昌谢绝了组织上让他到上海、青岛等地去治疗和疗养的建议。

他回乡所做的一切，不管是改造社里120亩冬水田，还是把历年来省吃俭用积蓄下来的5400元钱全部献给了社里，乃至进行在红壤土上种庄稼的试验都是为国尽责、为民奉献。

（二）勇于担苦、担难、担重、担险

《中国共产党章程》第二条明确规定："中国共产党党员是中国工人阶级的有共产主义觉悟的先锋战士。"

这句话概括了中国共产党党员标准的本质特征，说明了中国共产党党员应该是一个什么样的人。这就从根本上科学地界定了成为中国共产党党员的基本条件。

"先锋"，按照《新华词典》的解释，原指行军或作战时的先头部队，现在也用来比喻起先进作用的个人或集体。

从这种解释可以看出，不管是原意也好，还是现意也罢，"先锋"都是在先、先进的意思。

由此而言，"先进"是共产党员的一个本质的特征。先进，就要勇于担苦、担难、担重、担险。这就是：平常时期能看出来，关键时刻能站出来，

---

[1]《关于1957年开展增产节约运动的指示》，《党的文献》，1997年第3期。

生死关头能豁出来。

平常时期能看出来，是说共产党员在日常的工作、学习和社会生活中严格地要求自己，从日常小事做起，从一点一滴做起，处处率先垂范，事事以身作则，人民群众一眼就能看出谁是一名共产党员。

关键时刻能站出来，是指共产党员在困难的时刻，能迎着困难上，在党和人民需要的时候能勇挑重担。

生死关头能豁出来，是指为了保护国家和人民的利益，在危险面前毫不畏惧，敢于挺身而出，英勇斗争，不怕牺牲。

人的生命只有一次，但真正的共产党人在生死关头能置自己的生命于不顾，保护国家和人民的利益。

（三）表里如一、知行合一，不改其心、不移其志

"对党忠诚，必须一心一意、一以贯之，必须表里如一、知行合一，任何时候任何情况下都不改其心、不移其志、不毁其节。"[1]

习近平总书记的这段话对以实际行动诠释对党的忠诚提出了明确地要求。

真正对党忠诚的共产党人都是言行一致、表里如一、知行合一的，他们不管是在任何时候任何情况下都不改其心、不移其志、不毁其节。许许多多为党和人民的事业献身的共产党人皆是如此。

贺龙的堂弟、革命烈士贺锦斋，就是一个对党忠诚的共产党员。

1928年7月，身为中国工农红军第四军第一师师长的贺锦斋，率领部队转移途中，被敌人包围。在与敌人作最后决死的一战之前，他给弟弟贺锦章写下了一封家书。家书中写道：

---

[1]《习近平在中央党校（国家行政学院）中青年干部培训班开班式上发表重要讲话强调　立志做党光荣传统和优良作风的忠实传人　在新时代新征程中奋勇争先建功立业》，《人民日报》，2021年3月2日，第1版。

我承党殷勤的培养，我决心向培养者贡献全部力量，虽赴汤蹈火而不辞，刀锯鼎镬而不惧。

信后还附诗两首，其中一首有这样一句话："吾将吾身献吾党"。

这就是对党的忠诚。为了党的事业，"虽赴汤蹈火而不辞，刀锯鼎镬而不惧"，并心甘情愿献出自己宝贵的生命。

第四章

理论联系实际是党和人民事业取得胜利的保证

"我们党的历史反复证明，什么时候理论联系实际坚持得好，党和人民事业就能够不断取得胜利；反之，党和人民事业就会受到损失，甚至出现严重曲折。"[1] 习近平总书记的这段话简明扼要地说明了理论联系实际这一党的光荣传统和优良作风的重要性和必要性。

一、学懂弄通理论，掌握思想真谛

"理论联系实际，前提是学懂弄通理论、掌握思想真谛。年轻干部要刻苦钻研马克思主义基本原理特别是新时代党的创新理论成果，努力掌握蕴含其中的立场观点方法、道理学理哲理，做到知其言更知其义、知其然更知其所以然。要深入学习党的理论创新成果，前后贯通学、及时跟进学，运用党的科学理论优化思想方法，解决思想困惑，检视自身思想作风和精神状态，牢固树立正确的世界观、人生观、价值观和权力观、政绩观、事业观，使自己的思维方式和精神世界更好适应事业发展需要。"[2]

党员、党员干部如何做到理论联系实际？习近平总书记的这段话给出了明确的路径。

（一）刻苦钻研马克思主义基本原理

理论联系实际，首先必须刻苦钻研马克思主义基本原理。否则，理论联系实际就是一句空话。

---

[1]《习近平在中央党校（国家行政学院）中青年干部培训班开班式上发表重要讲话强调　立志做党光荣传统和优良作风的忠实传人　在新时代新征程中奋勇争先建功立业》，《人民日报》，2021年3月2日，第1版。

[2]《习近平在中央党校（国家行政学院）中青年干部培训班开班式上发表重要讲话强调　立志做党光荣传统和优良作风的忠实传人　在新时代新征程中奋勇争先建功立业》，《人民日报》，2021年3月2日，第1版。

毛泽东同志曾经把理论与实际的关系,生动地比喻为"箭"和"靶"的关系,把理论联系实际比喻为"有的放矢",就是说要用马克思主义理论之"矢",去射中国革命实际之"的"。他指出:"'的'就是中国革命,'矢'就是马克思列宁主义。我们中国共产党人所以要找这根'矢',就是为了要射中国革命和东方革命这个'的'的。"[1]

显而易见,党员、党员干部只有手中有"箭",才能去"射靶"。

中国共产党一贯重视马克思主义理论的学习。早在1938年,毛泽东同志就指出:"一般地说,一切有相当研究能力的共产党员,都要研究马克思、恩格斯、列宁、斯大林的理论,都要研究我们民族的历史,都要研究当前运动的情况和趋势;并经过他们去教育那些文化水准较低的党员。特殊地说,干部应当着重地研究这些,中央委员和高级干部尤其应当加紧研究。指导一个伟大的革命运动的政党,如果没有革命理论,没有历史知识,没有对于实际运动的深刻的了解,要取得胜利是不可能的。"[2]

邓小平同志也多次提出,全党要重视和加强马克思列宁主义、毛泽东思想的学习。他指出:"我们现在要建设有中国特色的社会主义,时代和任务不同了,要学习的新知识确实很多,这就更要求我们努力针对新的实际,掌握马克思主义基本理论。因为只有这样,才能提高我们运用它的基本原则基本方法,来积极探索解决新的政治经济社会文化基本问题的本领,既把我们的事业和马克思主义理论本身推向前进,也防止一些同志,特别是一些新上来的中青年同志在日益复杂的斗争中迷失方向。"[3]

---

[1] 毛泽东:《改造我们的学习》(1941年5月19日),《毛泽东选集》第3卷,北京:人民出版社,1991年6月第2版,第801页。

[2] 毛泽东:《中国共产党在民族战争中的地位》(1938年10月14日),《毛泽东选集》第2卷,北京:人民出版社,1991年6月第2版,第532—533页。

[3] 邓小平:《在中国共产党全国代表会议上的讲话》(1985年9月23日),《邓小平文选》第3卷,人民出版社,1993年10月第1版,第146—147页。

习近平总书记也强调："要注重提高马克思主义理论水平，学深悟透，融会贯通，掌握辩证唯物主义和历史唯物主义，掌握贯穿其中的马克思主义立场观点方法，掌握中国化的马克思主义，做马克思主义的坚定信仰者、忠实实践者。"[1]

党员、党员干部刻苦钻研马克思主义基本原理，就要学习钻研马克思主义的精神实质，掌握它的立场、观点、方法，而不是简单地背诵它的词句或解决某些具体问题的结论。正如恩格斯所说，马克思的整个世界观不是教义，而是方法。它提供的不是现成的教条，而是进一步研究的出发点和供这种研究使用的方法。所以刻苦钻研学习马克思主义基本原理，就要掌握它的基本理论，学会运用它的立场、观点和方法，而决不应该采取教条主义的态度，机械地去搬用它的某些结论，或者从中去找解决具体问题的现成答案。

刻苦钻研马克思主义基本原理，不能浅尝辄止，更不能断章取义、各取所需，必须深入认真刻苦地学习。认真刻苦地学习，需要挤时间埋头读书研究。"党员埋头读书研究，这一事实并不表现为'学院派'，而是每一个党员在从事马列主义研究时所必需如此做的。任何比较有马列主义修养的人，都必须经过这样埋头读书与研究的阶段。"[2] 只有刻苦地钻研学习马克思主义理论，才能掌握好这一理论，运用好这一理论。

在刻苦钻研马克思主义基本原理方面，党员、党员干部要学习毛泽东的"挤"和"钻"的精神。先挤出时间来学习，然后再钻研进去。

1939年5月20日，毛泽东在延安在职干部教育动员大会上说，共产党员不学习理论是不行的。他还谈到了解决工作忙没有时间学习的方法，

---

[1]《习近平在中央党校（国家行政学院）中青年干部培训班开班式上发表重要讲话》，新华网，2020年10月10日。
[2] 刘少奇：《答宋亮同志》（1941年7月13日），《刘少奇选集》上卷，北京：人民出版社，1981年版，第219页。

还有解决看不懂的方法。

他说，要用"挤"来对付忙。他还打比方说，这好比木匠师傅钉一个钉子到木头上，就可以挂衣服了，这就是木匠师傅向木头一挤，木头就让了步，才成功的。

他还针对有的同志反映基础太差、学习太难、看不懂的问题，给出了"钻"的方法。他说，就要像木匠用钉子钻木头一样地"钻"进去，多看看，不懂的东西就懂了。

毛泽东给出的方法，简要说来，就是以"挤"的方法获得学习的时间，以"钻"的方法求得问题的了解和深入。

党员、党员干部要学会毛泽东同志所提倡的"挤"与"钻"的精神，先挤出时间来学习，然后再钻研进去。没有一股自觉的"挤"劲与"钻"劲，是学不好马克思主义基本原理的。

（二）深入学习党的理论创新成果

中国共产党是一个高度重视理论创新的马克思主义政党。党一经成立，就把马克思主义作为自己的指导思想和行动指南，同时注重把马克思主义基本原理同中国具体实际和时代特征相结合，不断推动实现马克思主义中国化。

在马克思主义中国化的过程中，党的理论创新成果不断产生与发展。毛泽东思想、邓小平理论、"三个代表"重要思想、科学发展观和习近平新时代中国特色社会主义思想，都是党的理论创新成果。

党的理论创新成果是在党和人民事业发展的实践中产生的，也是为党和人民事业发展的现实需要而服务的。党的理论创新成果虽然形成于不同的历史时期，面对着不同的时代课题，但它们是既一脉相承又与时俱进的科学体系，而且党的理论创新成果的内涵又非常丰富，这就要求党员、党员干部深入学习、全面领会，前后贯通学、及时跟进学，既要从宏观把握，又要从微观入手，才能把握其精髓和要义。

（三）强化党的创新理论最新成果的学习

习近平新时代中国特色社会主义思想，是马克思主义中国化的最新理论成果。在新时代，党员、党员干部要学习马克思主义理论，就要强化对习近平新时代中国特色社会主义思想的学习。

党的十八大以来，国内外形势的变化和我国各项事业的发展都给党提出了一个重大的时代课题：新时代应该坚持和发展什么样的中国特色社会主义、怎样坚持和发展中国特色社会主义。

以习近平同志为主要代表的中国共产党人围绕这个重大时代课题，坚持马克思主义的立场观点，紧密结合新的时代条件和实践要求，创立了习近平新时代中国特色社会主义思想。

习近平新时代中国特色社会主义思想涵盖经济、政治、法治、科技、文化、教育、民生、民族、宗教、社会、生态文明、国家安全、国防和军队、"一国两制"和祖国统一、统一战线、外交、党的建设等各个方面。其中最重要、最核心的内容就是党的十九大报告概括的"八个明确"和"十四个坚持"。

"八个明确"，即明确坚持和发展中国特色社会主义，总任务是实现社会主义现代化和中华民族伟大复兴，在全面建成小康社会的基础上，分两步走在本世纪中叶建成富强民主文明和谐美丽的社会主义现代化强国；明确新时代我国社会主要矛盾是人民日益增长的美好生活需要和不平衡不充分的发展之间的矛盾，必须坚持以人民为中心的发展思想，不断促进人的全面发展、全体人民共同富裕；明确中国特色社会主义事业总体布局是"五位一体"、战略布局是"四个全面"，强调坚定道路自信、理论自信、制度自信、文化自信；明确全面深化改革总目标是完善和发展中国特色社会主义制度、推进国家治理体系和治理能力现代化；明确全面推进依法治国总目标是建设中国特色社会主义法治体系、建设社会主义法治国家；明确党在新时代的强军目标是建设一支听党指挥、能打胜仗、作风优良的人民军队，把人民军队建设成为世界一流军队；明确中国特色大国外交要推动构建新型国际关系，推动构建人类命运共同体；明确中国特色社会主义最本质的特征是中国共产党领导，中国特色社会主义制度的最大优势是中国共产党领导，党是最高政治领导力量，提出新时代党的建设总要求，突出政治建设在党的建设中的重要地位。

"十四个坚持"，即坚持党对一切工作的领导、坚持以人民为中心、坚持全面深化改革、坚持新发展理念、坚持人民当家作主、坚持全面依法治国、坚持社会主义核心价值体系、坚持在发展中保障和改善民生、坚持人与自然和谐共生、坚持总体国家安全观、坚持党对人民军队的绝对领导、坚持"一国两制"和推进祖国统一、坚持推动构建人类命运共同体、坚持全面从严治党。

习近平新时代中国特色社会主义思想是当代中国马克思主义、21世纪马克思主义，是全党全国人民为实现中华民族伟大复兴而奋斗的行动指南，是经过实践检验、富有实践伟力的强大思想武器，必须长期坚持并不断发展，党员、党员干部必须强化对这一理论的学习。

二、搞好调查研究，了解客观实际

理论联系实际，"要坚持实事求是、求真务实，从实际出发谋划事业和工作，使提出的点子、政策、方案符合实际情况、符合客观规律、符合科学精神，以创造性工作把党中央决策部署落到实处。"[1]

党员、党员干部要"使提出的点子、政策、方案符合实际情况、符合

---

[1]《习近平在中央党校（国家行政学院）中青年干部培训班开班式上发表重要讲话强调　立志做党光荣传统和优良作风的忠实传人　在新时代新征程中奋勇争先建功立业》，《人民日报》，2021年3月2日，第1版。

客观规律、符合科学精神",就必须注重调查研究,了解客观实际。

调查研究是理论联系实际不可或缺的桥梁和纽带。毛泽东同志曾经强调指出:"一切实际工作者必须向下作调查。对于只懂得理论不懂得实际情况的人,这种调查工作尤有必要,否则他们就不能将理论和实际相联系。"[1]

(一)用马克思主义理论指导调查研究

有效调查研究的前提,是必须有科学的指导思想,这种科学的指导思想就是马克思主义理论。

党员、党员干部调查研究,一定要站在马克思主义的立场上,即无产阶级和广大人民群众的立场上,坚持用马克思主义的观点来认识问题、分析问题和解决问题,并坚持一切从实际出发,具体问题具体分析,实事求是。只有把思想理论方法搞对头,才能有效地指导调查研究。

1941年3月,毛泽东同志就提出,用"马克思主义的基本观点,即阶级分析的方法,作几次周密的调查,乃是了解情况的最基本的方法。"[2] 这是毛泽东自身经验的总结。毛泽东的调查研究就是运用阶级分析的方法,通过这种方法了解到中国社会各阶级的状况。1941年9月13日,毛泽东同志在延安对中央妇委和中共中央西北局联合组成的妇女调查团的讲话中,还谈了他通过调查研究了解农村社会情况的体会。

他说:"我做了四个月的农民运动,得知了各阶级的一些情况,可是这种了解是异常肤浅的,一点不深刻。后来,中央要我管理农民运动。我下了一个决心,走了一个月零两天,调查了长沙、湘潭、湘乡、衡山、醴

---

[1] 毛泽东:《〈农村调查〉的序言和跋》(1941年3月4日),《毛泽东选集》第3卷,北京:人民出版社,1991年6月第2版,第791页。

[2] 毛泽东:《〈农村调查〉的序言和跋》(1941年3月4日),《毛泽东选集》第3卷,北京:人民出版社,1991年6月第2版,第789页。

陵五县。这五县正是当时农民运动很高涨的地方，许多农民都加入了农民协会。国民党骂我们'过火'，骂我们是'游民行动'，骂农民把大地主小姐的床滚脏了是'过火'。其实，以我调查后看来，也并不都是象他们所说的'过火'，而是必然的，必需的。因为农民太痛苦了。我看受几千年压迫的农民，翻过身来，有点'过火'是不可免的，在小姐的床上多滚几下子也不妨哩！"[1]

毛泽东同志还说，他通过寻乌调查，弄清了富农和地主的问题，提出了解决富农问题的方法；他通过兴国调查，弄清了贫农与雇农的问题，并对贫农团在分配土地过程中的重要性有了认识。

（二）紧贴党和国家的中心工作调查研究

党员、党员干部开展调查研究，必须紧贴党和国家的中心工作来开展。紧贴党和国家的中心工作，就是紧贴现实，就是紧贴人民群众关切的问题，就是紧贴社会经济发展的核心问题。

党员、党员干部贴近党和国家的中心工作来开展调查研究，才能为推进党和人民各项事业的发展建真言，献良策。

党的十九届五中全会开启了全面建设社会主义现代化国家的新征程。十九届五中全会提出了"十四五"时期经济社会发展的六大主要新目标和到 2035 年基本实现社会主义现代化的远景目标，这就是党和国家当前乃至未来的中心工作。党员、党员干部开展调查研究应该紧紧围绕这些方面来深入开展，求得难点问题的突破，求得党和国家中心工作任务的早日完成。

---

[1] 毛泽东：《关于农村调查》（1941 年 9 月 13 日），《毛泽东农村调查文集》，北京：人民出版社 1983 年版，第 22 页。

（三）向毛泽东、陈云学习调查研究方法

毛泽东和陈云同志都是我党公认的注重调查研究的典范人物。他们的调查研究深入细致。

1930年5月，毛泽东在寻乌调查，并撰写了《寻乌调查》。该文第三章谈及关于寻乌的商业时，对安远到梅县的生意情况，做了详细的调查。

说及"猪"，毛泽东记叙道："信丰来的最多，安远次之。走两条路来，一条从安远城，经寻乌城，走牛斗光、八尺去梅县，这一路最多；一条由安远南乡，走公平、新圩、留车、平远之中坑圩，往梅县，这一路较少。两条路全年有五千只猪通过。平均每只一百斤，每斤价四毛半（每只四十五元），五千只猪共值二十二万五千元。寻乌政府每只抽税二毛。"[1]

这些猪从哪运来的，走哪条路，两条路每年有多少只猪通过，平均每只猪多重，每斤多少钱，总计值多少钱，政府收税多少，都调查得清清楚楚。

2011年11月16日，习近平总书记在中共中央党校秋季学期第二批学员入学开学典礼上的讲话中曾经评价过毛泽东的寻乌调查。他说："毛泽东同志1930年在寻乌县调查时，直接与各界群众开调查会，掌握了大量第一手材料，诸如该县各类物产的产量、价格，县城各业人员数量、比例，各商铺经营品种、收入，各地农民分了多少土地、收入怎样，各类人群的政治态度，等等，都弄得一清二楚。这种深入、唯实的作风值得我们学习。"[2]

1930年10月，毛泽东在新余县罗坊找了8位兴国籍的红军战士，开了一个星期的调查会，对兴国永丰区作调查，这就是后来著名的"兴国调查"。

他在《兴国调查》中，谈及"政府人员的弊病"时，记叙了政府人员存在四种弊病：

---

[1] 毛泽东：《关于寻乌调查》（1930年5月），《毛泽东农村调查文集》，北京：人民出版社1983年版，第51页。

[2] 习近平：《谈谈调查研究》，《学习时报》，2011年11月22日。

"第一,是官僚主义,摆架子,不喜接近群众。群众有人走到政府里去问他们的事情时,政府办事人欢喜呢,答他们一两句,不欢喜呢,理也不理,还要说他们'吵乱子'。

"第二,是没收了反动派的东西,不发与贫民,拿了卖钱。向政府里头讲不起话的买不到手,有情面讲得起几句话的才买得到。并且既然出卖,就要比较有钱的人才能买到,雇农及极穷贫农当然无份。

"第三,是调女子到政府办事。乡政府总有一个二个女子,区政府总有三个四个女子。女子办事是好的,但政府的取舍不对。生得不好看,会说话会办事的也不要,生得好看,不会说话不会办事也要她。乡政府的人下村开会时,也是一样,漂亮的女子他就和她讲话,不漂亮的,话也不和她讲。

"第四,这是最大的一项,就是强奸民意。政府委员由少数人定了就是,代表大会选举只是形式。有一次主席说赞成某人的举手,有些人不举手,主席就指不举手的说他是 AB 团。有一次主席对不举手的怒目诘问为什么不举手。再有,就是一定要共产党员才能在政府办事,不是共产党员,即使是群众领袖,也不能到政府办事。"[1]

政府人员存在着的四种弊病,没有深入细致的调查是了解不到的。即使是调查了解到了,也许会因为不唯实而掩饰不记。毛泽东不仅调查了解到了,而且真实地把了解到的情况记录在册,不回避,不掩饰。

毛泽东在 1941 年的时候,还就怎样找调查的典型,如何收集和整理材料,怎样使对方说真话,谈了自己的经验。

"怎样找调查的典型?调查的典型可以分为三种:一、先进的,二、中间的,三、落后的。如果能依据这种分类,每类调查两三个,即可知一

---

[1] 毛泽东:《兴国调查》(1930 年 10 月),《毛泽东农村调查文集》,北京:人民出版社,1983 年版,第 215—216 页。

般的情形了。

"如何收集和整理材料？都必须自己亲身去做，在做的过程中找出经验来，用这些经验再随时去改进以后的调查和整理材料的工作。

"怎样使对方说真话？各个人特点不同，因此，要采取的方法也各不相同。但是，主要的一点是要和群众做朋友，而不是去做侦探，使人家讨厌。群众不讲真话，是因为他们不知道你的来意究竟是否于他们有利。要在谈话过程中和做朋友的过程中，给他们一些时间摸索你的心，逐渐地让他们能够了解你的真意，把你当作好朋友看，然后才能调查出真情况来。群众不讲真话，不怪群众，只怪自己。

"我在兴国调查中，请了几个农民来谈话。开始时，他们很疑惧，不知我究竟要把他们怎么样。所以，第一天只是谈点家常事，他们脸上没有一点笑容，也不多讲。后来，请他们吃了饭，晚上又给他们宽大温暖的被子睡觉，这样使他们开始了解我的真意，慢慢有点笑容，说得也较多。到后来，我们简直毫无拘束，大家热烈地讨论，无话不谈，亲切得象自家人一样。"[1]

2015年6月12日，中共中央纪念陈云同志诞辰110周年座谈会在北京人民大会堂举行。习近平总书记出席了座谈会，并发表了重要讲话。他在讲话中，高度赞扬了陈云同志为党和人民事业发展作出的重大贡献，并指出："依靠调查研究作决策，是陈云同志坚持实事求是的思想方法和工作方法。每逢重大决策之前，陈云同志总要做大量调查研究，听取多方面意见。他脚踏实地，反对虚夸浮躁、急功近利。"[2]

陈云同志注重调查研究在党内是有口皆碑。他认为："领导机关制定

---

[1] 毛泽东：《关于农村调查》（1941年9月13日），《毛泽东农村调查文集》，北京：人民出版社，1983年版，第27页。

[2] 习近平：《在纪念陈云同志诞辰110周年座谈会上的讲话》（2015年6月12日），新华网，2015年6月12日。

政策，要用百分之九十以上的时间作调查研究工作，最后讨论作决定用不到百分之十的时间就够了。"[1] 对调查研究，他还提出了著名的"不唯上、不唯书、只唯实，交换、比较、反复"15字诀。他对这15字诀有详细的解释。

"不唯上，并不是上面的话不要听。不唯书，也不是说文件、书都不要读。只唯实，就是只有从实际出发，实事求是地研究处理问题，这是最靠得住的。交换，就是互相交换意见，比方说看这个茶杯，你看这边有把没有花，他看那边有花没有把，两人各看到一面，都是片面的，如果互相交换一下意见，那末，对茶杯这个事物我们就会得到一个全面的符合实际的了解。过去我们犯过不少错误，究其原因，最重要的一点；就是看问题有片面性，把片面的实际当成了全面的实际。作为一个领导干部，经常注意同别人交换意见，尤其是多倾听反面的意见，只有好处，没有坏处。比较，就是上下、左右进行比较。抗日战争时期，毛主席《论持久战》就是采用这种方法。他把敌我之间互相矛盾着的强弱、大小、进步退步、多助寡助等几个基本特点，作了比较研究，批驳了'抗战必亡'的亡国论和台儿庄一战胜利后滋长起来的速胜论。毛主席说，亡国论和速胜论看问题的方法都是主观的和片面的，抗日战争只能是持久战。历史的发展证明了这个结论是完全正确的。由此可见，所有正确的结论，都是经过比较的。反复，就是决定问题不要太匆忙，要留一个反复考虑的时间。这也是毛主席的办法。他决定问题时，往往先放一放，比如放一个礼拜、两个礼拜，再反复考虑一下，听一听不同的意见。如果没有不同的意见，也要假设一个对立面。吸收正确的，驳倒错误的，使自己的意见更加完整。并且在实践过程中，还要继续修正。因为人们对事物的认识，往往不是一次就能完成的。这里

---

[1] 陈云：《怎样使我们的认识更正确些》（1962年2月8日），《陈云文选》第3卷，北京：人民出版社，1996年版，第189页。

所说的反复，不是反复无常、朝令夕改的意思。

"这十五个字，前九个字是唯物论，后六个字是辩证法，总起来就是唯物辩证法。"[1]

对照毛泽东的调查研究和陈云对调查研究提出的15字诀，现在有些党员、党员干部的调查研究是需要反省的。

走事先安排好的路，听事先准备好的话，到田间地头转上一圈，到老百姓家里看上一看，然后就打道回府，开始写调研报告。而且这调研报告，问题不能写，写也要少写，即便是少写上的那点问题，也是隔壁老王家的。

调研报告的重点是要总结经验。而且这经验，能拔多高拔多高，越修改越高，最后那就是芝麻开花节节高。

三、坚持真抓实干，狠抓工作落实

"要坚持真抓实干、狠抓落实，一切工作都要往实里做、做出实效，不好高骛远、不脱离实际，力戒形式主义、官僚主义。"[2] 这是习近平总书记对党员、党员干部理论联系实际的又一重要要求。

（一）一切工作都要往实里做

真抓实干，求真务实，是我党的光荣传统和优良工作作风，也是理论联系实际的必由之路。为政贵在行，"以实则治，以文则不治""治道贵致其实"。治国理政，贵在付诸行动。务实则国治民安，只搞表面形式，

---

[1] 陈云：《不唯上、不唯书、只唯实，交换、比较、反复》（1990年1月24日），《人民日报》，1991年1月18日。
[2]《习近平在中央党校（国家行政学院）中青年干部培训班开班式上发表重要讲话强调　立志做党光荣传统和优良作风的忠实传人　在新时代新征程中奋勇争先建功立业》，《人民日报》，2021年3月2日，第1版。

就会空谈误国。

"以实则治，以文则不治""治道贵致其实"，是清初知名思想家唐甄（1630—1704年）在他所著的《潜书·权实》中所言。

唐甄不仅倡导"实治""实行""实功""实效"的思想，还是这种思想的践行者。他在山西长子县做知县时，为了动员百姓种桑养蚕，他在挨门逐户做说服工作的同时，还带头示范种植桑树。结果，一纸文书通告未发，当地一个月就种桑80余万株。

他的成功经验，便是"为政贵在行"。唐甄认为，文书通告只是"藉以通言语，备遗忘耳，奚足恃乎"。在唐甄看来，文书通告是用来沟通、防备遗忘的，怎么可以光靠着它呢！所以他强调为政最重要的是付出实际行动。如果只管发通告，不问落实与否，不往实里做，其结果只能是"百职不修，庶事不举，奸敝日盛，禁例日繁，细事纠纷，要政委弃"（清·唐甄《潜书·权实》），公文告示贴满大街小巷也形如空文。

唐甄描述的只管发通告，不问落实与否，不往实里做的结果，即使是在今天，也是振聋发聩：官员们不干事，百姓的事情没有人管，诡诈舞弊，欺诈蒙骗的事情越来越多，禁止某种行为的条例日益增多，在小事上纠缠不清，而大事要事被丢弃，没有人去处理。

《求是》杂志2011年第6期曾经刊发了习近平《关键在于落实》一文。文章说："'空谈误国，实干兴邦'。这是千百年来人们从历史经验教训中总结出来的治国理政的一个重要结论。古人曰：'道虽迩，不行不至；事虽小，不为不成'，'为政贵在行'，'以实则治，以文则不治'。历史上有许多空谈误国的教训，比如战国时期的赵括，只会'纸上谈兵'，以致40万赵军全军覆没，赵国从此一蹶不振直至灭亡。此类误国之鉴，发人深省。"[1]

---

[1] 习近平：《关键在于落实》，《求是》，2011年第6期。

习近平的这篇文章就引用了唐甄所言。由此,他强调:"我们的所有成就,都是干出来的。这里的关键,就是始终注重抓落实。如果落实工作抓得不好,再好的方针、政策、措施也会落空,再伟大的目标任务也实现不了。"[1]

马克思曾说:"一步实际运动比一打纲领更重要。"[2]世界上成功的事情都是真抓实干干出来的,不是空喊口号喊出来的,不干,半点马克思主义都没有。所以真抓实干,狠抓落实,就要往实里做。

(二)以钉钉子精神做实做细做好各项工作

习近平总书记在十九大报告中要求全党"增强狠抓落实本领,坚持说实话、谋实事、出实招、求实效,把雷厉风行和久久为功有机结合起来,勇于攻坚克难,以钉钉子精神做实做细做好各项工作。"[3]

钉钉子是人们日常生活中很普通的一个动作。操作者将钉子放在选好的目标上,用锤子一锤一锤地把它敲进去,直到它固定好为止。这个看似普通的动作,要把它做好却不简单。

首先,要选择好目标,确定好位置。如果目标错了,位置没有确定好,尽管用力钉,等于是白费力气。其次,钉钉子时,要盯紧目标,并围绕目标落锤钉实,而不能东锤一下,西打两下。再次,钉钉子,不能一锤而就,要一锤一锤地逐步把钉子钉进去,最终达到目的。

由钉钉子的行为实践,我们可以感悟出"钉钉子"精神的要义。所谓"钉钉子"精神,就是确定好工作目标之后,就要紧紧围绕工作目标,以锲而不舍的劲头,一步一步扎扎实实地为实现工作目标而努力,直到取得

---

[1] 习近平:《关键在于落实》,《求是》,2011年第6期。

[2] 马克思:《给威·白拉克的信》,《马克思恩格斯选集》第3卷,人民出版社,1972年5月版,第3页。

[3] 习近平:《决胜全面建成小康社会夺取新时代中国特色社会主义伟大胜利——在中国共产党第十九次全国代表大会上的报告》(2017年10月18日),新华网,2017年10月27日。

最后的成功。

"钉钉子"精神是党员、党员干部做实做细做好各项工作必须具有的精神状态。以"钉钉子"精神做实做细做好各项工作，要在以下几个方面着力：

明确目标，找准定位。党员、党员干部在抓落实的过程中，要明确工作目标，紧紧钉牢工作目标，工作目标其实就是落脚点。实现了工作目标，才是真正把工作任务落到了实处，才是抓落实。

重锤出击，钉实钉牢。党员、党员干部在抓落实的过程中，明确了工作目标，就要紧紧围绕着工作目标，重锤出击，想方设法去实现工作目标。

锲而不舍，久久为功。"锲而舍之，朽木不折；锲而不舍，金石可镂。蚓无爪牙之利，筋骨之强，上食埃土，下饮黄泉，用心一也。蟹六跪而二螯，非蛇鳝之穴无可寄托者，用心躁也。"

这是荀子《劝学》中的一段话。荀子的意思是说，拿刀刻东西，如果中途停止了，腐朽的木头也刻不断；如果不停地刻下去，即使是金石也能雕刻。蚯蚓没有锋利的爪牙、强劲的筋骨，但它却能上吃泥土，下饮泉水，这是因为它用心专一的缘故；螃蟹有六条腿，两只大钳，然而没有蛇鳝的洞穴它就无处容身，这是因为它心浮气躁的缘故。

荀子虽然是劝学，但对党员、党员干部抓落实也有启迪作用。党员、党员干部抓落实，必须像愚公移山那样，面对困难义无反顾、坚持不懈、奋斗不止。

（三）力戒形式主义和官僚主义

坚持真抓实干、狠抓落实，必须力戒形式主义和官僚主义。形式主义和官僚主义是个老话题，党在长期的革命、建设和改革的工作实践中，同形式主义和官僚主义进行着不懈的斗争。2013年下半年开始的党的群众路线教育实践活动，就是重点解决形式主义和官僚主义等问题。

2013年5月9日,《中共中央关于在全党深入开展党的群众路线教育实践活动的意见》(以下简称《意见》)发布。《意见》要求用"照镜子、正衣冠、洗洗澡、治治病"的方法来解决形式主义和官僚主义等问题。

唯物辩证法告诉我们,内容与形式是辩证的统一。人们做任何事情,都要有一定的形式。但形式只能为内容服务,而不能置内容于不顾,为形式而形式。如果不管内容,只讲形式,那就是形式主义。由此而言,所谓形式主义,就是处处只讲究表面的形式,不讲究事情的实际,不讲实际内容、实际效果和实际意义。形式主义,只有哗众取宠之心,没有实事求是之意。

官僚主义是一种脱离群众、脱离实际、工作怕艰苦、作风不深入、当官做老爷的工作作风。

1933年8月12日,毛泽东同志在中央革命根据地南部十七县经济建设大会上所作的报告中指出:"官僚主义的领导方式,是任何革命工作所不应有的,经济建设工作同样来不得官僚主义。要把官僚主义方式这个极坏的家伙抛到粪缸里去,因为没有一个同志喜欢它。"[1]

1963年5月29日,周恩来同志专门撰写《反对官僚主义》一文,文中列举了官僚主义的20种表现,如高高在上,孤陋寡闻;狂妄自大,骄傲自满;主观片面,粗枝大叶;官气熏天,不可向迩;不学无术,耻于下问;遇事推诿,怕负责任;浮夸谎报,瞒哄中央;弄虚作假,文过饰非等等,认为官僚主义"是领导机关最容易犯的一种政治病症"。

党的十八大以来,习近平总书记也有众多关于力戒形式主义和官僚主义的论述。

2013年7月11日、12日,他在河北调研指导党的群众路线教育实践活动时的讲话中指出:"形式主义实质是主观主义、功利主义,根源是政

---

[1] 毛泽东:《必须注意经济工作》(1933年8月12日),《毛泽东选集》第1卷,北京:人民出版社,1991年6月第2版,第124—125页。

绩观错位、责任心缺失，用轰轰烈烈的形式代替了扎扎实实的落实，用光鲜亮丽的外表掩盖了矛盾和问题。官僚主义实质是封建残余思想作祟，根源是官本位思想严重、权力观扭曲，做官当老爷，高高在上，脱离群众，脱离实际。"

2018年4月28日，他在湖北考察时强调："当前形式主义、官僚主义依然突出，又有新的表现形式。要把力戒形式主义、官僚主义作为加强作风建设的重要任务，大力弘扬真抓实干作风，推进工作要实打实、硬碰硬，解决问题要雷厉风行、见底见效，面对难题要敢抓敢管、敢于担责。"

形式主义和官僚主义给党和人民的利益带来的危害是巨大的。形式主义者不去认真领会中央精神，不去了解下情，对于人民群众的疾苦漠不关心，习惯于做表面文章，用喊口号代替具体政策的贯彻落实；他们沉湎于文山会海，应酬接待，不能深入基层；他们热衷于沽名钓誉，哗众取宠，应付上级、应付群众；他们热衷于搞各种名目的所谓"达标"活动，形式上热热闹闹，实则劳民伤财；他们只说空话套话，不干实事；他们报喜不报忧，掩盖矛盾和问题，以致酿成恶果。

官僚主义者高高在上，滥用权力，脱离实际，脱离群众，好摆门面，好说空话，思想僵化，墨守成规，机构臃肿，人浮于事，办事拖拉，不讲效率，不负责任，不守信用，公文旅行，互相推诿，以至官气十足，动辄训人，打击报复，压制民主，欺上瞒下，专横跋扈，徇私行贿，贪赃枉法，等等。

形式主义和官僚主义的表现虽然形式不同，但危害却是相同的，都是严重破坏党与群众的关系。如果不能力戒形式主义和官僚主义，党的路线方针政策就无法真正落实。

四、做老实人，说老实话，干老实事

2021年3月1日，习近平总书记在中央党校（国家行政学院）中青年干部培训班开班式上发表重要讲话，要求年轻干部"要把做老实人、说老实话、干老实事作为人生信条，这样才能真正立得稳、行得远。"[1]这也是理论联系实际，真抓实干，抓好落实的重要路径。

（一）做老实人，任劳任怨奉献

一提到"老实人"，可能有人马上就会想到一句话："老实人就是傻瓜，虽然一片好心，结果还是自己吃了亏。"据说，这句话是世界著名大文豪莎士比亚说的。

莎士比亚到底说没说这句话，还有待考证。即使他真的说了，也不见得他说的话就句句是真理。至少他的这句话就值得商榷。

老实人不是傻瓜。那老实人到底是什么样的人，傻瓜又是什么样的人呢？让我们透过下面这段历史故事来看看老实人与傻瓜的区别。

在宋元之际的一天，有一位名叫许衡的学者外出。此时，天气炎热，行人口渴难耐。而路边正好有一棵大梨树，树上结着一些梨。人们见树上有梨，便纷纷上树摘梨。唯独许衡不为所动，他只是坐在大树底下乘凉。

有人问他，你为什么不摘梨解渴？许衡说："不是自己的梨岂能乱摘？"

听了他的话，人们都笑他迂腐，说他是傻瓜。并劝导他说："世道这样乱，管它是谁的梨，解渴要紧。"许衡摆摆手说："梨虽无主，而我心有主！"

许衡是傻瓜吗？许衡不是傻瓜。傻瓜不知道梨能解渴，而许衡知道梨能解渴，但他更知道固守自己的精神家园："别人的东西不能随意采摘"。

这就是说，老实人是知道有些事可以这么做，但却由于个人思想观念的原因而不想去做或不去做；而"傻瓜"则是根本不知道那些事可以这么做，因此他才不会去做。

---

[1]《习近平在中央党校（国家行政学院）中青年干部培训班开班式上发表重要讲话强调　立志做党光荣传统和优良作风的忠实传人　在新时代新征程中奋勇争先建功立业》，《人民日报》，2021年3月2日，第1版。

讲传统 强作风 干实事

简而言之,"老实人",就是思想务实、生活朴实、作风扎实的人,就是尊重科学、尊重实践、尊重规律的人,就是诚实守信、言行一致、表里如一的人,就是勤勤恳恳工作、努力进取创造、任劳任怨奉献的人。

正因为如此,老实人为人处世顾大局,识大体;他们为官从政心系民众,为民谋利,全心全意为人民服务。党的优秀干部焦裕禄就是这样的老实人。

兰考,位于豫东沙区,是黄河故道上的重灾县。全县的土地,除了沙荒,就是洼坡和盐碱地。

1962年,春天的风沙打毁了20万亩麦子,秋天又淹没了30多万亩的庄稼,并有10万余亩的禾苗被碱死。兰考的粮食已经威胁到了人民群众的生存。

就是在这灾情最严重、困难最大的时候,中共开封地委决定把兰考县委书记的重担交给焦裕禄。

当地委组织部找焦裕禄谈话时,焦裕禄当即表示,服从组织的决定,愿意到最艰苦的地方去工作。

焦裕禄一到兰考,就带领兰考的党员干部、人民群众投身到治理风沙、内涝、盐碱这"三害"的斗争中。

为了治理风沙,焦裕禄每逢狂风大作之时,都会和调查人员一起顶着漫天的风沙,去察看风口,去探寻流沙的根源。

为了治理水害,焦裕禄每逢狂风暴雨到来之际,都会带领调查人员头顶瓢泼大雨,足涉激流险滩,一乡、一村、一沟、一坎地去察看洪水的流势和变化情况,从中探索洪水形成的规律,以便掌握它,制服它。

为了治理盐碱,不论寒冬还是酷暑,焦裕禄同志经常在白花花的盐碱地上奔波。

此时,焦裕禄因常年忘我工作,积劳成疾,已经患了严重的肝病,体质非常虚弱。但他咬紧牙关,坚持工作。从他那消瘦的身躯上,从他那铁青的脸色上,人们已经看出他是用超人的毅力坚持着。同志们劝他休息,他不答应。他想尽快治理好"三害",让兰考人民过上好日子。

在焦裕禄的带领下,兰考的风沙、盐碱地得到了有效的治理,兰考的洪水受到了有效的遏制,贫困的兰考发生了巨大的变化。

党员、党员干部应该向焦裕禄同志学习,做老实人。习近平总书记指出"我们党历来要求共产党员要老老实实做人。早在井冈山时期,毛泽东同志提名罗荣桓同志为红四军前委委员并建议任命他为第二纵队党代表时就说过:'为什么让他当党代表呢?就是因为他老实。'延安时期,毛泽东同志明确提出全党同志要'当老实人,讲老实话,做老实事'。周恩来同志说过:'世界上最聪明的人是最老实的人,因为只有老实人才能经得起事实的历史的考验。'邓小平同志认为,无论做官,还是普通公民,都要实实在在,实事求是,诚信为本。江泽民同志指出,'共产党员特别是领导干部,说话办事都应当老老实实,对党负责,对人民负责'。胡锦涛同志强调,对那些不图虚名、踏实干事的干部要多加留意。"[1]

(二)说老实话,不装、不吹,不务虚名

说老实话,就是说真话。我党对说假话、大话、空话向来深恶痛绝。

早在1945年4月,毛泽东同志就说过:"要讲真话,不偷、不装、不吹。偷就是偷东西,装就是装样子,'猪鼻子里插葱——装象',吹就是吹牛皮。讲真话,每个普通的人应该如此,每个共产党人更应该如此。"[2]

邓小平同志也反复强调:"要敢说真话,反对说假话,不务虚名,多做实事。"

江泽民同志继承了老一辈无产阶级革命家实事求是的革命传统,将"坚

---

[1] 习近平:《领导干部要认认真真学习 老老实实做人 干干净净干事》,《学习时报》,2008年5月26日。

[2] 毛泽东:《在中国共产党第七次全国代表大会上的口头政治报告》(1945年4月24日),《毛泽东文集》第3卷,北京:人民出版社,1996年8月第1版,第349页。

持说老实话、办老实事、做老实人"作为对全体共产党员,首先是各级领导干部的基本要求,提到了全党的面前。

胡锦涛同志不仅要求全党同志要讲真话,讲实话,以诚实守信为荣,他自己更是喜欢听真话,听实话。2006年5月12日上午,胡锦涛同志来到西双版纳州景洪市基诺山乡札吕村,看望这里的基诺族群众。他在跟村里的乡亲们座谈时,诚恳地说:"希望听到大家的心里话……"群众的心里话,就是真话,就是实话。

2012年5月16日,中央党校春季学期第二批入学学员举行开学典礼。在开学典礼上,习近平同志发表了重要讲话。他在这一重要讲话中强调领导干部要敢于讲真话。他说:"讲真话是一个领导干部真理在身、正义在手和有公心、有正气的重要体现。"

党员、党员干部要按照党的要求,说老实话。1959年4月29日,毛泽东曾经发表了一封《致六级干部的公开信》。六级干部,即省级、地级、县级、社级、队级、小队级干部。在这封信里,毛泽东告诫六级干部:"老实人,敢讲真话的人,归根到底,于人民事业有利,于自己也不吃亏。爱讲假话的人,一害人民,二害自己,总是吃亏。应当说,有许多假话是上面压出来的。上面'一吹二压三许愿',使下面很难办。因此,干劲一定要有,假话一定不可讲。"[1]

(三)办老实事,脚踏实地、真抓实干

党员、党员干部办老实事,就是谋事要实,能从实际出发谋划事业和工作,使点子、政策、方案符合实际情况、符合客观规律、符合科学精神,不好高骛远,不脱离实际;就是创业要实,能脚踏实地、真抓实干,敢于

---

[1] 毛泽东:《党内通信》(1959年4月29日),《毛泽东文集》第8卷,北京:人民出版社,1999年6月第1版,第50页。

担当责任，勇于直面矛盾，善于解决问题，努力创造经得起实践、人民、历史检验的实绩；就是要一丝不苟地做好自己所担负的工作，将自己的全部精力、全部知识、全部智慧都奉献给党和人民的事业。

任弼时（1904年4月30日—1950年10月27日），是中华人民共和国开国元勋，中国共产党与中国工农红军主要领导者之一。他就是一个老实人。

凡是和任弼时同志一起工作或生活过的人，都知道他有三怕：一怕工作少，二怕麻烦人，三怕用钱多。因此，他带病忘我工作，能自己做的事，就自己做好，并且为革命节约每一个铜板。人们称赞他是"党和人民的骆驼"。

任弼时同志患有高血压，党中央一再要他注意休息，但他工作起来，就将自己的病情忘到了脑后。

他曾经带病到陕西米脂县杨家沟周围30几个村子作广泛调查，为中央制订土地改革的方针政策提供了重要的信息资料；他在重病期间，还主持召开了新民主主义青年团第一次全国代表大会。

向大会作政治报告时，他终因血压太高而晕倒在主席台上。而当他病情稍有好转，他便立即给毛泽东和中央书记处写信，要求每天工作4小时，后来又恳求医生要工作5小时。

朝鲜战争爆发后，他非常关心战局的发展，不顾疾病，夜以继日地工作。有时头痛得支持不住，就擦点清凉油。

身边的人见此情形，很担心，劝他休息。他却说，我们都是共产党员，肩负着革命的重担，能坚持一百步，就不应该走九十九步。我们的工作只能朝前赶，不容往后拖。怎么能总是休息呀！他是这样说的，也是这样做的。

在他病危前夕，他还找武安县、通县的一些同志谈话，为召开全国组织工作会议作准备。就在他去世的前一天晚上，他还在看朝鲜地图。

任弼时同志一心扑在革命工作上，是埋头苦干的一生。正如刘少奇同志在追悼他的大会上所说的，任弼时同志"在整整30年间，埋头工作，不计地位、名义，不顾严重病情，以全部精力从事中国人民革命解放事业"。

最后，要特别强调的是，要求党员、党员干部做老实人、说老实话、做老实事，并非是让党员、党员干部当老好人。老实人和老好人是有区别的。"老实人讲真理，老好人讲面子；老实人坚持实事求是，老好人信奉实用主义；老实人尊重客观规律，老好人盲从'专家''权威'；老实人积极进取、奋发有为，老好人庸庸无能、碌碌无为；老实人坚持在原则基础上加强团结，老好人搞没有原则的一团和气；老实人是敢说真话、敢说实话的耿介之士，老好人是你好我好大家好的好好先生。毫无疑问，党和人民的事业要开创新局面、取得新胜利，需要的是亿万讲老实话、做老实事的老实人，而不是那些不分是非、不干实事的老好人。"[1]

党员、党员干部要加强党性修养，做老实人、说老实话、做老实事，而不是当老好人。

---

[1] 习近平：《领导干部要认认真真学习 老老实实做人 干干净净干事》，《学习时报》，2008年5月26日。

第五章

密切联系群众
始终以百姓心为心

密切联系群众是我党的光荣传统和优良作风。《中国共产党章程》指出："我们党的最大政治优势是密切联系群众，党执政后的最大危险是脱离群众。党风问题、党同人民群众联系问题是关系党生死存亡的问题。"这是历史经验教训的总结。党员、党员干部一定要牢记密切联系群众这一我们党的最大政治优势，继承和发扬党的光荣传统和优良作风，与人民群众始终保持密切联系。

习近平总书记强调："人民是我们党的力量源泉，我们党根基在人民、血脉在人民，必须把人民放在心中最高位置，始终以百姓心为心。共产党的干部要坚持当'老百姓的官'，把自己也当成老百姓，不要做官当老爷。"[1]

一、充分认识人民群众的历史主体地位

"人民，只有人民，才是创造世界历史的动力。"这是毛泽东的著名论断。人民群众是历史的创造者，是推动历史前进的决定性力量，党员、党员干部密切联系群众，与人民群众保持密切联系，首先要正确认识人民群众的历史主体地位。

（一）人民群众是党的力量源泉

人民群众是我们党的阶级基础和社会基础，更是我们党的力量源泉。没有人民群众的参加，我们就不可能有强大的党的队伍；没有人民群众的支持，我们就不可能取得革命、建设和改革的伟大胜利。

中国共产党来自人民、植根人民、服务人民，一旦脱离人民，就会失去生命力。

---

[1]《习近平在中央党校（国家行政学院）中青年干部培训班开班式上发表重要讲话强调 立志做党光荣传统和优良作风的忠实传人 在新时代新征程中奋勇争先建功立业》，《人民日报》，2021年3月2日，第1版。

希腊神话中有一个巨人叫安泰。他是大地女神盖亚和海神波塞冬的儿子,居住于利比亚。

安泰力大无穷,而且只要他与大地保持着密切接触,他就是不可战胜的。赫拉克勒斯发现了他的这个秘密,就把安泰举到空中,让他无法从大地盖亚那里获取力量,最后把他给扼死了。

刘少奇同志多次借用古希腊神话中安泰的故事来告诫党员、党员干部不要脱离群众。

1942年4月,刘少奇同志针对当时一些地方党的工作中存在的群众观念薄弱问题,给干部作演讲时谈到了这个问题。他说:"我们脱离了母亲——群众,就会同安泰一样,随时可能被人扼死。"

1948年10月2日,刘少奇同志在对华北记者团的谈话中,又一次谈到安泰的故事,他说:"我们党必须和广大群众保持密切的联系,如果和群众联系不好,就要发生危险,就会像安泰一样被人扼死。共产党人也会被人扼死的哩!党什么也不怕,就怕这一项!美帝国主义我们是从来不怕的,原子弹,我们也是不怕的。……但是,我们就是怕脱离群众。"[1]

总之,"人民是我们党的力量源泉,我们党根基在人民、血脉在人民。"[2]

(二)人民群众是党的胜利之本

"真正的铜墙铁壁是什么?是群众,是千百万真心实意地拥护革命的群众。这是真正的铜墙铁壁,什么力量也打不破的,完全打不破的。"[3]

---

[1] 刘少奇:《对华北记者团的谈话》(1948年10月2日),《刘少奇选集》上卷,北京:人民出版社,1981年12月版,第397页。

[2] 《习近平在中央党校(国家行政学院)中青年干部培训班开班式上发表重要讲话强调 立志做党光荣传统和优良作风的忠实传人 在新时代新征程中奋勇争先建功立业》,《人民日报》,2021年3月2日,第1版。

[3] 毛泽东:《关心群众生活,注意工作方法》(1934年1月27日),《毛泽东选集》第1卷,北京:人民出版社,1991年6月第2版,第139页。

这是毛泽东同志的著名论断。

革命战争时期，中国共产党依靠人民群众的支持，取得了革命战争的胜利。

"1932年春，前线战事吃紧，红军供给缺乏，一些红军战士甚至打着赤脚战斗，严重影响战斗力。瑞金市武阳镇武阳村的草鞋匠邱娣夫妇组织10个人编草鞋，在不到三年的时间里共编成7.6万双草鞋，全都送到了前线部队。其中，在红军长征出发前，邱娣更是组织了20多名妇女，日夜赶制出1700多双草鞋。许多妇女因不停地揉麻绳，手心都磨出了血泡。"[1]

当年，老区人民"最后一粒粮，拿去缴公粮；最后一床被，盖在担架上；最后一个儿女，送到咱队伍上"。江西瑞金沙洲坝的杨荣显老人有八个儿子，为了红色政权，他把儿子们先后送到部队，并全都牺牲在战场上。

正是在人民群众的鼎力支持之下，我们党夺取了政权。

陈毅同志说，淮海战役的胜利，是老百姓用小推车推出来的。据有关资料记载，淮海战役期间，共有支前民工（包括随军民工、二线转运民工和后方临时民工）543万人，担架20.6万副，大小车辆88.1万辆，挑子30.5万副，牲畜76.7万头，船8539只，汽车257辆，向前线运送弹药1460万斤、筹运粮食9.6亿斤，向后方转运伤员11万余名。

而"渡江战役的胜利，是靠老百姓用小船划出来的"。渡江战役"共动员船只5万多条，参战船工19万余人，可以说是做到了应征即征、应有尽有。安徽是渡江战役主战场，江淮地区的沿江各县是渡江作战的重要基地。据统计，仅无为县就征集船只多达5000余条、船工2000多人，其他多个县各征船上千条、船工数千人。"[2]

---

[1] 刘斐：《真正的铜墙铁壁》，新华网，2019年6月14日。
[2] 尹洁：《渡江"小船"的磅礴力量》，《学习时报》，2020年10月16日。

（三）人民群众是党的执政之基

"党执政后的最大危险是脱离群众"，《中国共产党章程》中的这句判断说明了人民群众对我们党长期执政的重要性。

马克思主义认为，政权可以通过暴力来获得，却无法通过暴力来维护。暴力尽管可以创建和维持秩序，却无法获得人们自觉自愿的服从和衷心的拥护支持。执政党只有得到大多数人自觉自愿的服从和衷心的拥护支持才能维护其政权，巩固其执政地位。而执政党要获得大多数人自觉自愿的服从和衷心的拥护支持，则必须密切联系群众，与人民群众保持密切联系。没有人民群众的拥护和支持，执政党的地位难能巩固。这就是"水可载舟，亦可覆舟"。

中国共产党对此有着清醒的认识。在全国革命即将取得胜利之际，1949年3月5日至13日，中国共产党在河北省平山县西柏坡村召开了七届二中全会。在七届二中全会上，毛泽东就告诫全党"务必使同志们继续地保持谦虚、谨慎、不骄、不躁的作风，务必使同志们继续地保持艰苦奋斗的作风。"[1] 这其实就是用"两个务必"来防止党的干部脱离群众。

正因为我们党有着忧患意识，警钟长鸣，全国范围执政后一直跟人民群众保持着密切的联系，获得了人民群众的拥护和支持，党才能得以顺利而成功地执政七十余年，而且青春依旧，还将长期执政。

截至2019年12月，中国共产党党员总数已达到9191.4万名。这从一个方面说明党对人民群众的吸引力和影响力，也说明了党的凝聚力。

二、坚持党的群众路线

《中国共产党章程》明确指出："党在自己的工作中实行群众路线，

---

[1] 毛泽东：《在中国共产党第七届中央委员会第二次全体会议上的报告》（1949年3月5日），《毛泽东选集》第4卷，北京：人民出版社，1991年6月第2版，第1438—1439页。

一切为了群众，一切依靠群众，从群众中来，到群众中去，把党的正确主张变为群众的自觉行动。"这一最权威的阐释规范了党员、党员干部应该如何坚持党的群众路线。

"一切为了群众"，是一个明确的价值目标。这一价值目标体现了我们党的根本宗旨。"一切依靠群众"，是一个具体的工作方法。这一工作方法体现了我们党对人民群众的尊重、信赖和依靠。

（一）必须坚持以人民为中心

党员、党员干部坚持党的群众路线，首先要以人民为中心。人民是决定党和国家前途命运的根本力量。这就是人们常讲的："水可载舟，亦可覆舟"。《尚书·五子之歌》有这样一段记载："民可近，不可下，民惟邦本，本固邦宁。……予临兆民，懔乎若朽索之驭六马，为人上者，奈何不敬？"

说是大禹告诉他的臣属们，"对待老百姓，只可以亲近他们，不能够认为他们卑贱。只有老百姓才是立国的根本，根本稳固了，国家才会安宁。我们面对亿万人民，畏惧的心情就应该像用腐朽的缰绳驾着六匹马一样。位在百姓之上的人，怎么能不谨慎呢？"苏共就是因为"不谨慎"而垮台的。

苏共垮台之前，有关机构曾经在群众中进行过问卷调查。调查的问题是："苏共究竟代表谁？"结果显示，代表工人的占4%，代表全体党员的占11%，而代表官僚、干部、机关工作人员的却占85%。很显然，苏共不代表人民了，不以人民为中心了，垮台是必然的了。

中国共产党对此有着高度的警觉，从诞生之日起，就坚持以人民为中心，其初心和使命就是为中国人民谋幸福，为中华民族谋复兴，并且始终牢记这一初心和使命，永远把人民对美好生活的向往作为奋斗目标，一直贯彻着以人民为中心的发展思想。2021年2月25日，习近平总书记在全国脱贫攻坚总结表彰大会上讲话中的宣告就充分证明了这一点：

"今天,我们隆重召开大会,庄严宣告,经过全党全国各族人民共同努力,在迎来中国共产党成立一百周年的重要时刻,我国脱贫攻坚战取得了全面胜利,现行标准下9899万农村贫困人口全部脱贫,832个贫困县全部摘帽,12.8万个贫困村全部出列,区域性整体贫困得到解决,完成了消除绝对贫困的艰巨任务,创造了又一个彪炳史册的人间奇迹!"[1]

"党的十八大以来,平均每年1000多万人脱贫,相当于一个中等国家的人口脱贫。贫困人口收入水平显著提高,全部实现'两不愁三保障',脱贫群众不愁吃、不愁穿,义务教育、基本医疗、住房安全有保障,饮水安全也都有了保障。2000多万贫困患者得到分类救治,曾经被病魔困扰的家庭挺起了生活的脊梁。近2000万贫困群众享受低保和特困救助供养,2400多万困难和重度残疾人拿到了生活和护理补贴。110多万贫困群众当上护林员,守护绿水青山,换来了金山银山。无论是雪域高原、戈壁沙漠,还是悬崖绝壁、大石山区,脱贫攻坚的阳光照耀到了每一个角落,无数人的命运因此而改变,无数人的梦想因此而实现,无数人的幸福因此而成就!"[2]

这就是坚持以人民为中心的发展思想,就是坚定不移走共同富裕的道路,就是我们党坚持全心全意为人民服务根本宗旨的重要体现。

(二)一切从人民的利益出发

一切从人民的利益出发,是中国共产党一直秉持的光荣传统和优良作风。早在1945年4月24日党的七大会议上,毛泽东同志就明确指出:"我们共产党人区别于其他任何政党的又一个显著的标志,就是和最广大的人

---

[1] 习近平:《在全国脱贫攻坚总结表彰大会上的讲话》(2021年2月25日),人民网,2021年2月26日。

[2] 习近平:《在全国脱贫攻坚总结表彰大会上的讲话》(2021年2月25日),人民网,2021年2月26日。

民群众取得最密切的联系。全心全意地为人民服务，一刻也不脱离群众；一切从人民的利益出发，而不是从个人或小集团的利益出发；向人民负责和向党的机关负责的一致性，这就是我们的出发点。"[1]

党员、党员干部要全心全意地为人民服务，一刻也不脱离群众；一切从人民的利益出发，就要做到"三个始终"，即始终要把人民放在心中最高的位置，始终全心全意为人民服务，始终为人民利益和幸福而努力工作。沈浩就是这样的党员干部。

沈浩（1964年5月—2009年11月6日）同志于2004年2月被安徽省委组织部、省财政厅选派到凤阳县小岗村担任村党委第一书记。

来到小岗村，沈浩很快就实现了从"城里人"到"村里人"的角色转变。他走村串户了解民情，和农民肩并肩地修路办厂。

三年任期，他带领小岗村的群众修平了路，启动了小岗村的农家乐旅游服务，小岗村的百姓也逐步走向了富裕。

然而，沈浩的任期却到了。"当年我们杀头、坐牢都不怕，可沈浩要走，我们真怕了。""大包干"带头人严金昌说。

严宏昌等几个人一合计，带着一封按下了98个红手印的信找到省委组织部和财政厅，恳请留下沈浩。

走，还是留，沈浩焦灼不安，选择两难。沈浩选择了留下。一干又是三年。

三年转瞬即逝。第二个三年任期又要到了。是走，还是留？无尽的牵挂，一样的深情，再一次让沈浩难以抉择。小岗村的百姓再一次按下了红手印，真情地挽留。

想走。离家6年，太长了……沈浩是出了名的孝子。90岁的老娘，他特别牵挂。女儿盼着爸爸回家；妻子盼望着夫妻早日团聚，不同意沈浩

---

[1] 毛泽东：《论联合政府》（1945年4月24日），《毛泽东选集》第3卷，北京：人民出版社，1991年6月第2版，第1094—1095页。

留任。

想留。小岗村的父老乡亲又让他牵肠挂肚……

在党和人民利益与个人利益面前，沈浩选择了党和人民的利益。他留在了小岗村，而且永远地留在了那里。

"两任村官呕心沥血带领一方求发展，六载离家鞠躬尽瘁引导万民奔小康。"这副长长的挽联，浓缩了沈浩人生最后的光辉时光。[1]

沈浩就是始终把人民放在心中最高的位置，始终全心全意为人民服务，始终为人民利益和幸福而努力工作的优秀党员干部，他舍小家，为大家，为国家。

（三）一切从人民的需要出发

"要联系群众，就要按照群众的需要和自愿。一切为群众的工作都要从群众的需要出发，而不是从任何良好的个人愿望出发。"[2] 毛泽东的这段话明确告诉了党员、党员干部怎样联系群众。

要强调的是，群众的需要是群众实际上的需要，而不是党员、党员干部自己头脑里幻想出来的需要；群众的自愿，要由群众下决心，而不是由党员、党员干部代替他们下决心。

一切从人民的需要出发，党员、党员干部就要通过调查研究了解人民的需要。盲人不会因为你送给他镜子而感谢你。这也是要"顺民所愿"。

顺民所愿，是春秋时期政治家管子所极力推崇的。他认为，领导者做事情要"合于民情"（《管子·形势解》），做老百姓喜欢做的事情，满

---

[1] 沈浩事迹根据：刘晓鹏、杨维汉等：《农民群众的贴心人——记鞠躬尽瘁一心为民的安徽小岗村党委第一书记沈浩》资料编写，《人民日报》，2020年1月4日。
[2] 毛泽东：《文化工作中的统一战线》（1944年10月30日），《毛泽东选集》第3卷，北京：人民出版社，1991年6月第2版，第1012页。

足老百姓的正当欲望。

"民恶忧劳，我逸乐之。民恶贫贱，我富贵之；民恶危坠，我存安之；民恶灭绝，我生育之。"（《管子·牧民》）

管仲认为，"民必得其所欲，然后听上；听上，然后政可善为也。"（《管子·五辅》）这就是说，满足了老百姓的正当欲望，老百姓就能听信领导者；老百姓听信领导者，领导方略才能很好地实施。

中国共产党一百年来，所作出的决策和所制定的政策，都是顺民所愿，从人民的利益出发的。正如习近平总书记在全国脱贫攻坚总结表彰大会上讲话中所言："新民主主义革命时期，党团结带领广大农民'打土豪、分田地'，实行'耕者有其田'，帮助穷苦人翻身得解放，赢得了最广大人民广泛支持和拥护，夺取了中国革命胜利，建立了新中国，为摆脱贫困创造了根本政治条件。新中国成立后，党团结带领人民完成社会主义革命，确立社会主义基本制度，推进社会主义建设，组织人民自力更生、发愤图强、重整山河，为摆脱贫困、改善人民生活打下了坚实基础。改革开放以来，党团结带领人民实施了大规模、有计划、有组织的扶贫开发，着力解放和发展社会生产力，着力保障和改善民生，取得了前所未有的伟大成就。"[1]

新时代党员、党员干部坚持从人民的需要出发，为人民群众谋利益，就要"落实党中央关于逐步实现全体人民共同富裕的要求，带领群众艰苦奋斗、勤劳致富，在收入、就业、教育、社保、医保、医药卫生、住房等方面不断取得实实在在的成果"[2]。

当年毛泽东同志也告诉全党："我们应该深刻地注意群众生活的问题，从土地、劳动问题，到柴米油盐问题。妇女同志要学习犁耙，找什么人去

---

[1] 习近平：《在全国脱贫攻坚总结表彰大会上的讲话》（2021年2月25日），人民网，2021年2月26日。
[2]《习近平在中央党校（国家行政学院）中青年干部培训班开班式上发表重要讲话》，新华网，2020年10月10日。

教她们呢？小孩子要求读书，小学办起来没有呢？对面的木桥太小会跌倒行人，要不要修理一下呢？许多人生疮害病，想个什么办法呢？一切这些群众生活上的问题，都应该把它提到自己的议事日程上。应该讨论，应该决定，应该实行，应该检查。要使广大群众认识到我们是代表他们的利益的，是和他们呼吸相通的。"[1]

新时代党员、党员干部坚持从人民的需要出发，为人民群众谋利益，就得关心群众的生活，关心群众的痛痒，就得真心诚意地为人民群众谋利益，"解决群众的生产和生活的问题，盐的问题，米的问题，房子的问题，衣的问题，生小孩子的问题，解决群众的一切问题。"[2]我们这样做了，"广大群众就必定拥护我们，把革命当作他们的生命，把革命当作他们无上光荣的旗帜。"[3]

毛泽东同志的这段话在今天依然具有着重要的意义。

三、坚持当"老百姓的官"

"共产党的干部要坚持当'老百姓的官'，把自己也当成老百姓，不要做官当老爷，在这一点上，年轻干部从一开始就要想清楚，而且要终身牢记。年轻干部无论是立身处世还是从政干事，首先要解决好'我是谁、为了谁、依靠谁'的问题，不断追求'我将无我，不负人民'的精神境界。要拜人民为师，甘当小学生，特别要多交几个能说心里话的基层朋友，这

---

[1] 毛泽东：《关心群众生活，注意工作方法》（1934年1月27日），《毛泽东选集》第1卷，北京：人民出版社，1991年6月第2版，第138页。

[2] 毛泽东：《关心群众生活，注意工作方法》（1934年1月27日），《毛泽东选集》第1卷，北京：人民出版社，1991年6月第2版，第138—139页。

[3] 毛泽东：《关心群众生活，注意工作方法》（1934年1月27日），《毛泽东选集》第1卷，北京：人民出版社，1991年6月第2版，第139页。

样才有利于了解真实情况，才有利于把工作做好。"[1]这是习近平总书记对党的干部的告诫和叮嘱。

（一）认识权力的公共性和人民性

这里所谈的权力，是法定性权力。所谓法定性权力，即是一个人因在组织结构所处的工作职位而获得的权力。这种法定性权力，是领导最为核心的要素。

党的干部要"坚持当'老百姓的官'"，首先要明确权力所属，正确认识权力的公共性和人民性，树立正确的权力观。权力观，是对权力的基本态度和看法。权力从哪里来、为谁掌权、如何掌权？这是权力观的基本问题。

每一位党的干部的手里都有一定的权力，这种权力从哪里来？

《中华人民共和国宪法》第二条明确规定："中华人民共和国的一切权力属于人民。"

当年，有个美国记者曾经问毛泽东："你们办事，是谁给的权力？"毛泽东回答："人民给的。""人民要解放，就把权力委托给能够代表他们的、能够忠实地为他们办事的人，这就是我们共产党人。"[2]

这就明确地告诉党的干部，我们手中的权力是人民授予的。当然，毛泽东同志说过，枪杆子里面出政权。但没有人民群众的支持，枪杆子里面是出不了政权的。解放战争时，小米加步枪的共产党为什么能够打败"飞机大炮"机械化装备的国民党？一个重要的原因，就是中国共产党有着人

---

[1]《习近平在中央党校（国家行政学院）中青年干部培训班开班式上发表重要讲话强调　立志做党光荣传统和优良作风的忠实传人　在新时代新征程中奋勇争先建功立业》，《人民日报》，2021年3月2日，第1版。
[2] 毛泽东：《抗日战争胜利后的时局和我们的方针》（1945年8月13日），《毛泽东选集》第4卷，北京：人民出版社，1991年6月第2版，第1128页。

民群众的支持。在人民群众的鼎力支持下，共产党夺取了政权，建立了中华人民共和国。

（二）遵循权力运行的基本法则

谁授权，就要对谁负责，就要为谁服务，这是政治学的一条普遍原理，也是权力运行的一条基本法则。

党的干部的权力既然是人民授予的，就要执政为民，不断追求"我将无我，不负人民"的精神境界。"我将无我，不负人民"，是大公无私、乐于为人民而奉献，是"心中有民、一切为民"。

焦裕禄同志为什么能清正廉洁，执政为民，成为党的干部的榜样？就是因为他对权力的属性有着清醒的认知。他曾经说过："我们不是百姓的父母，而是老百姓的儿子，还要做听人民群众话的孝子，我们不是为民做主，人民才是主，人民要自己做主人，我们就是长工，是给人民扛长活的。"[1]

这段话非常质朴，但却道出了权力来源的真谛。正因为他对权力来源有着正确的认识，所以，他只用手中的权力来为人民谋利益，而不为自己谋取半点私利。

焦裕禄的大哥在尉氏县乡下。一天，焦裕禄的大嫂从尉氏县来到兰考，要焦裕禄在兰考给初中毕业的侄子安排个工作。听了大嫂的要求，焦裕禄摇了摇头，对大嫂说："不中。我是县委书记，县委书记怎么能违反国家政策呢！"大嫂见焦裕禄拒绝了自己的要求，很生气，说："俺这穷亲戚攀不上你这当大官儿的。"说罢，就头也不回地走了。

作为县委书记，焦裕禄给侄子安排个工作应该不是个难事，但焦裕禄没有利用手中的权力给自己的亲属某私利，"我是县委书记，县委书记怎么能违反国家政策呢！"他深知县委书记的职权是党和人民赋予的，只能

---

[1] 廖海敏：《焦裕禄是一心为民的典范》，《开封日报》，2014年4月29日。

用来为人民群众谋利益，而不能用来为自己谋取私利。

（三）坚决克服特权思想

党的干部要"当'老百姓的官'"，就要克服、破除特权思想。

特权，是特殊的权力和利益，是政治上经济上在法律和制度之外的权利。它的基本属性，是权力不受约束，不受制约。

事实上，特权思想并非是党的干部的专利，可以说，几乎人人都有特权思想，只不过是程度不同而已。张明楷先生在《刍议刑法面前人人平等》中说过："普通人大脑中的特权观念也并不淡薄。一些人恨特权，是恨他人具有特权，而不是恨特权本身，反而朝思暮想自己有特权；一些人自己没有特权，但在办事时又想找个有权力的人为他行使特权。"[1] 张明楷先生看得透彻，说得深刻。比如作者我自己，排长队的时候，我就希望前面有个我认识的人，去加个塞。当然我不会真去加塞，但心里却有这种念头。

尽管几乎人人都有特权思想，但是，党的干部的特权思想却具有更大的危害性。

特权思想会让党的干部我行我素，凌驾于党纪国法之上。有着"河北第一秘"之称的河北省国税局原局长李真的所作所为，就给这种"特权"现象做了形象的注脚。

李真得志时，他的汽车在马路上行使，从来没有红绿灯的概念。年纪大的警察都认识李真的汽车，见其闯红灯，也只能装作没看见，任其扬长而去。

一次，有位新警察刚刚上岗。他看见有一辆小轿车闯红灯，便上前示意停车，想纠正违章。

李真把车窗玻璃摇了下来，随口吐了这个警察一脸唾沫，然后驾车扬

---

[1] 张明楷：《刍议刑法面前人人平等》，《中国刑事法杂志》（总第37期），1999年第1期。

长而去。这个警察知道了李真的背景之后,是敢怒而不敢言。

李真为什么胆敢这样做?我们看看他自己临刑前,说过的一段话:

"现在回头看,我过去做秘书时表现出的狂傲和做局长后的独断专行、无视制度、规定和法律等,表面上看是缺乏修养,实质上就是有特权思想。"

其实,何止是李真,在我们党的干部队伍中,有特权思想、搞特权的还是大有人在的。我们看那些落马的官员,哪个不是我行我素,哪个不是凌驾于党纪国法之上?

党的干部要"当'老百姓的官'",必须克服特权思想,不忘党的初心和使命。"坚决反对特权思想、特权现象,保持对人民的赤子之心"。这是习近平总书记在十九届中央纪委二次全会上,对党的干部的谆谆告诫,大家一定要践行之。

"中国共产党党员永远是劳动人民的普通一员。除了法律和政策规定范围内的个人利益和工作职权以外,所有共产党员都不得谋求任何私利和特权。"这是《中国共产党章程》中的规定,党的干部必须牢记之。

四、增强群众工作本领

党员、党员干部密切联系群众,与人民群众保持密切联系,还需要增强群众工作本领。习近平总书记在中央党校建校80周年庆祝大会暨2013年春季学期开学典礼上指出:"很多同志有做好工作的真诚愿望,也有干劲,但缺乏新形势下做好工作的本领,面对新情况新问题,由于不懂规律、不懂门道、缺乏知识、缺乏本领,还是习惯于用老思路老套路来应对,蛮干盲干,结果是虽然做了工作,有时做得还很辛苦,但不是不对路子,就是事与愿违,甚至搞出一些南辕北辙的事情来。这就叫新办法不会用,老办法不管用，硬办法不敢用，软办法不顶用。"[1]

（一）放下架子，做群众的"学生"

党员、党员干部要做好群众工作，必须放下架子，做群众的"学生"。"只有做群众的学生才能做群众的先生。如果把自己看作群众的主人，看作高踞于'下等人'头上的贵族，那末，不管他们有多大的才能，也是群众所不需要的，他们的工作是没有前途的。"[2]党员、党员干部要放下架子，俯下身子，甘当小学生，多同群众交朋友，多向群众请教，问政于民、问需于民、问计于民。

2019年9月25日，被评选为"最美奋斗者"的湖南省委原副书记郑培民，就是放下架子，俯下身子，做群众"学生"的党的领导干部。

郑培民在工作中，十分重视调查研究，注意向人民群众学习。"在湘潭，他的足迹遍及全市135个乡镇和所有大中型厂矿、高校、科研单位，呕心沥血谋划湘潭的发展。"[3]

在湘西，他担任州委书记的两年多时间里，"郑培民跑遍了全州218个乡镇，住过30多个乡镇。妻子去湘西看他，一进屋，地上扔的是一双粘满泥巴的胶鞋，唯一一套出国时置办的西装，在柜子里已被虫子蛀满了洞。"[4]

郑培民曾经分管过湖南省的教育。"1996年1月，郑培民带领在湘的

---

[1] 习近平：《依靠学习走向未来》（2013年3月1日），《习近平谈治国理政》第1卷，北京：外文出版社，2014年10月第1版，第402—403页。
[2] 毛泽东：《在延安文艺座谈会上的讲话》（1942年5月），《毛泽东选集》第3卷，北京：人民出版社，1991年6月第2版，第864页。
[3] 朱玉、董宏君：《勤政为民 公仆本色——追记郑培民同志》，《人民日报》，2002年10月14日。
[4] 朱玉、董宏君：《勤政为民 公仆本色——追记郑培民同志》，《人民日报》，2002年10月14日。

全国政协委员考察汨罗市的教育。他坐在汨罗一中、财贸中专等8所学校的教室后面听了10堂课，3次与师生座谈。一个月以后，郑培民在全省教育工作会议上将汨罗经验总结为5条：转变教育观念，树立正确的教育观和人才观；改革中等教育结构，大力发展职业教育和成人教育；建立和完善素质教育的运行机制和激励机制；深化教学改革；改善办学条件，逐步实现教学手段现代化。他说：'汨罗的经验对各级各类教育具有普遍指导意义。实施科教兴湘的一个重大举措就是：推广汨罗经验，变应试教育为素质教育。'随后，在中央领导的重视下，汨罗素质教育经验在全国开了花。"[1]

从郑培民的足迹、到"一双粘满泥巴的胶鞋"，再到"坐在汨罗一中、财贸中专等8所学校的教室后面听了10堂课，3次与师生座谈"，我们看到的是一个没有架子，虚心向人民群众学习的党的干部的光辉形象。也正因为如此，2003年4月，由中央电视台举办的"感动中国——2002年度人物"评选揭晓，郑培民名列10位"感动公众、感动中国"人物榜首。

（二）善于沟通协调，"动之以情"

古人云："感人心者，莫先乎情"。富有情感的话语能扣人心弦，感人肺腑，能使人的心灵震颤，产生思想上的共鸣。因此，有经验的党员、党员干部在与群众进行沟通协调时，总是不忘"以情开路"。

"动之以情"是与群众进行沟通协调的有效方法，尤其是当有的群众处在矛盾的漩涡中，遇到麻烦不能解脱的时候，更需要党员、党员干部用诚挚之情、爱护之情、尊重之情、理解之情、信任之情来做他的思想工作，帮助他摆脱困境。党员、党员干部运用情感感化的方法来与群众进行沟通

---

[1] 朱玉、董宏君：《勤政为民　公仆本色——追记郑培民同志》，《人民日报》，2002年10月14日。

协调，应该注意以下三点：

第一，感情要真挚。用情感感化的方法来沟通协调，关键在于党员、党员干部的感情是否真挚的。党员、党员干部的感情真挚，才能得到群众的信任。否则，虚情假意，不但难以达到感化目的，也难能进行沟通协调。

第二，要给予尊重。意大利著名思想家莱奥帕尔迪在其《思想录》中说过这样一句话："正如轻蔑比仇恨更令人生气，尊重也比仁慈更受人欢迎。与被爱相比，人们通常更希望被尊重。"党员、党员干部与群众进行沟通协调，一定要充分尊重群众，使之产生自尊、自爱、自重的情感。

第三，要学会理解。对群众的困难，对群众之间产生的矛盾，党员、党员干部一定要能够体谅他人的心境，理解他人的处境，学会换位思考。体谅了，理解了，换位思考了，自然跟群众的沟通就顺畅了，群众工作也就好做了。

习近平总书记要求党员、党员干部，要"用心用情用力解决好群众'急难愁盼'问题，让群众有更多、更直接、更实在的获得感、幸福感、安全感。"[1]

（三）善用网络与群众保持密切联系

互联网的迅速崛起，让党员、党员干部与人民群众的沟通联系又有了新的载体与形式。这就是网络联系沟通。网络沟通是指通过基于信息技术（IT）的计算机网络来实现信息的沟通交流，如微博、微信、微信公众号，等等。

2016年10月9日，中共中央政治局就实施网络强国战略进行第三十六次集体学习。习近平在主持学习时强调："现在，各级领导干部特

---

[1]《习近平在中央党校（国家行政学院）中青年干部培训班开班式上发表重要讲话强调　立志做党光荣传统和优良作风的忠实传人　在新时代新征程中奋勇争先建功立业》，《人民日报》，2021年3月2日，第1版。

别是高级干部，如果不懂互联网、不善于运用互联网，就无法有效开展工作。各级领导干部要学网、懂网、用网，积极谋划、推动、引导互联网发展。"[1]

在新时代，党员、党员干部密切联系群众，与人民群众保持密切联系，离不开网络联系沟通的方法。运用网络联系沟通的方法来与人民群众进行密切沟通协调，要注意以下几个方面的问题：

第一，要敢于用网络来跟网民沟通。"知屋漏者在宇下，知政失者在草野。"很多网民称自己为"草根"，那网络就是现在的一个"草野"，网上有民声，网上有民意，网上有民情。网络虽然是一个虚拟的环境，但虚拟的环境更有利于网民畅所欲言，当然也不排除有人在网上造谣惑众。

网络对于党员、党员干部来说，是一个新的挑战。目前一些党员、党员干部的内心对互联网一是怕，二是恨，常常会发泄对网络监督和网络反腐的不满。但面对以互联网为手段的无处不在、无时不在的公民监督，党员、党员干部应当端正心态，勇敢面对这一挑战，敢于用网络来跟网民进行沟通，适应并自觉接受网络监督。

习近平总书记指出："网民来自老百姓，老百姓上了网，民意也就上了网。群众在哪儿，我们的领导干部就要到哪儿去，不然怎么联系群众呢？各级党政机关和领导干部要学会通过网络走群众路线，经常上网看看，潜潜水、聊聊天、发发声，了解群众所思所愿，收集好想法好建议，积极回应网民关切、解疑释惑。善于运用网络了解民意、开展工作，是新形势下领导干部做好工作的基本功。各级干部特别是领导干部一定要不断提高这项本领。"[2]

第二，要善于用网络来跟网民沟通。敢于用网络来跟网民进行沟通，表明的只是党员、党员干部对网络沟通的态度、魄力和胆略。敢于用网络

---

[1] 习近平：《各级领导干部要学网、懂网、用网》，央视新闻，2016年10月10日。
[2] 习近平：《在网络安全和信息化工作座谈会上的讲话》（2016年4月19日），中国共产党新闻网，2016年4月26日。

沟通，不等于善于用网络沟通。党员、党员干部应该在敢于用网络跟网民进行沟通的同时，善于用网络来跟网民进行沟通。这就要求党员、党员干部坚持亲自上网，提高媒介素养（尤其是网络媒介素养），了解熟悉网络，有效打通两个舆论场，发挥网络正能量，凝聚社会共识。所谓"两个舆论场"，即"官音的场"和"民声的场"。

第三，要善于识别网络信息。善于识别网络信息，是党员、党员干部善于用网的一个重要的方面。网络上的信息良莠不齐，鱼龙混杂，党员、党员干部要善于识别。好的意见要采纳，不良的信息当作教训来避免，对于网民反映的问题要注意核查。真正将懂网、上网、用网作为一项基本要求来落实，真正使"上网交心下网服务""网上问题网下解决"成为一种工作常态。

总之，"网民大多数是普通群众，来自四面八方，各自经历不同，观点和想法肯定是五花八门的，不能要求他们对所有问题都看得那么准、说得那么对。要多一些包容和耐心，对建设性意见要及时吸纳，对困难要及时帮助，对不了解情况的要及时宣介，对模糊认识要及时廓清，对怨气怨言要及时化解，对错误看法要及时引导和纠正，让互联网成为我们同群众交流沟通的新平台，成为了解群众、贴近群众、为群众排忧解难的新途径，成为发扬人民民主、接受人民监督的新渠道。"[1]

第四，做强网上正面宣传。"互联网是一个社会信息大平台，亿万网民在上面获得信息、交流信息，这会对他们的求知途径、思维方式、价值观念产生重要影响，特别是会对他们对国家、对社会、对工作、对人生的看法产生重要影响。"[2]

---

[1] 习近平：《在网络安全和信息化工作座谈会上的讲话》（2016年4月19日），中国共产党新闻网，2016年4月26日。
[2] 习近平：《在网络安全和信息化工作座谈会上的讲话》（2016年4月19日），中国共产党新闻网，2016年4月26日。

党员、党员干部要加强对网上热点话题和突发事件的正确、有效引导。通过引导，让群众明辨是非、分清善恶，让正确价值取向和道德取向成为网络空间的主流。

对此，习近平总书记在2016年4月召开的网络安全和信息化工作座谈会上强调："我们要本着对社会负责、对人民负责的态度，依法加强网络空间治理，加强网络内容建设，做强网上正面宣传，培育积极健康、向上向善的网络文化，用社会主义核心价值观和人类优秀文明成果滋养人心、滋养社会，做到正能量充沛、主旋律高昂，为广大网民特别是青少年营造一个风清气正的网络空间。"[1]

---

[1] 习近平：《在网络安全和信息化工作座谈会上的讲话》（2016年4月19日），中国共产党新闻网，2016年4月26日。

第六章

批评和自我批评的武器一定不能丢

批评和自我批评是我们党防身治病、保持肌体健康的锐利武器，也是加强和规范党内政治生活的重要手段。

习近平总书记强调："批评和自我批评是一剂良药，是对同志、对自己的真正爱护。开展批评和自我批评需要勇气和党性，不能把我们防身治病的武器给丢掉了。"[1]

新时代，党员、党员干部要继承和发扬党的光荣传统和优良作风，一定不能丢掉批评和自我批评这个有力武器。

一、共产党人开展批评和自我批评的原则要求

批评和自我批评是党在长期实践中形成的光荣传统和优良作风，是与党的性质、宗旨一脉相承的。党的性质、宗旨决定了党员、党员干部开展批评和自我批评的原则要求，也使得批评和自我批评成为我们党区别于其他政党的显著标志之一。

（一）要坚持实事求是

实事求是作为我们党的思想路线，是马克思主义的精髓和灵魂，是中国共产党人世界观、方法论的基石。

我们党是靠实事求是起家和兴旺发展起来的。早在1938年10月，毛泽东同志在党的六届六中全会上的报告中就指出："共产党员应是实事求是的模范，又是具有远见卓识的模范。因为只有实事求是，才能完成确定的任务；只有远见卓识，才能不失前进的方向。"[2] 进入改革开放和社会

---

[1]《习近平：坚持用好批评和自我批评的武器，提高领导班子解决自身问题能力》，新华网，2013年9月25日。

[2] 毛泽东：《中国共产党在民族战争中的地位》（1938年10月14日），《毛泽东选集》第2卷，北京：人民出版社，1991年6月第2版，第522—523页。

主义现代化建设新时期，邓小平同志强调："过去我们搞革命所取得的一切胜利，是靠实事求是；现在我们要实现四个现代化，同样要靠实事求是。"[1]

党员、党员干部开展批评和自我批评，要把坚持实事求是作为基本的原则。因为只有实事求是，作出的批评和自我批评才能更加符合客观实际；只有实事求是，作出的批评和自我批评才能更加有针对性；只有实事求是，作出的批评和自我批评才能真正纠正错误、改进工作。总而言之，就是只有坚持实事求是，才能真正用好、发挥好批评和自我批评这一锐利武器的效力。

2016年12月，习近平总书记在主持中共中央政治局民主生活会时强调："中央政治局要在开展批评和自我批评方面为全党作表率，做勇于自我革命的战士。要坚持实事求是，勇于批评和自我批评，勇于听取不同意见，及时改正错误。"[2] 这就要求党员、党员干部在开展批评和自我批评时，都要坚持从实际出发，用事实说话，事物的本来面貌是什么就是什么，敢于说实话、讲实情。

《关于新形势下党内政治生活的若干准则》明确规定，批评和自我批评必须坚持实事求是，讲党性不讲私情、讲真理不讲面子。

"讲党性不讲私情、讲真理不讲面子"，就是要克服个人主观主义因素的影响，开展批评时不要怕得罪人，开展自我批评时不要怕丢面子。

李立三是老一辈无产阶级革命家，中国工人运动的杰出领导之一。在我们党的历史上，李立三曾经于1930年6月至9月在全党推行"左"倾冒险主义，犯了"立三路线"错误，给革命事业造成了严重损失。面对自己犯过的错误，很多人出于个人利益得失考量，总是躲躲闪闪，生怕别人

---

[1] 邓小平：《解放思想，实事求是，团结一致向前看》（1978年12月13日），北京：人民出版社，1994年10月第2版，《邓小平文选》第2卷，第143页。
[2]《中共中央政治局召开民主生活会 习近平主持会议并发表重要讲话》，新华网，2016年12月27日。

提及。但是李立三却勇于主动承认自己的错误，敢于自我批评。他说："共产党就是提倡自我批评。一个共产党员究竟有没有党性，就看他能不能对自己的错误进行认真的自我批评。共产党员当然不可能不犯错误，只要他不搞阴谋，不谋私利，犯了错误，承认错误，他就可以改正错误。不仅如此，还要把自己犯错误的教训告诉大家。"在1930年9月中共六届三中全会上，李立三就所犯"左"倾冒险主义错误主动作深刻检查，勇敢地承担起全部责任。

李立三还不止一次地说："如果党需要我当'反面教员'，我一定当好这个'反面教员'。"有一次在部队作报告，讲完那次路线错误后，他大声问听报告的人是不是都认识李立三，许多人说不认识，他指着自己说："我就是李立三。希望你们从我的错误中吸取教训。"

李立三面对自己曾经犯过的错误，不仅没有回避，反而敢于自我批评，不仅没有丢面子，反而赢得了广大党员和党组织的尊重。在1945年召开的党的七大上，身在莫斯科的李立三在缺席的情况下被选为中央委员。

同样也是在党的七大上，陈云同志在发言中指出："我们要讲真理，不要讲面子。是什么就是什么，应该怎样就怎样。有的时候你愈要面子，将来就愈要丢脸。只有你不怕丢脸，撕破了面皮，诚心诚意地改正错误，那时候也许还有些面子。"[1]

李立三的经历印证了陈云同志的判断。共产党人开展批评和自我批评一定要坚持实事求是，"是什么就是什么，应该怎么就怎样"，这是讲党性的要求，也是坚持真理的要求。实事求是开展批评和自我批评，不仅不会丢面子，反而会赢得更多的信任和尊重。

---

[1] 陈云：《要讲真理，不要讲面子》（1945年5月9日），《陈云文选》第1卷，北京：人民出版社，1995年5月第2版，第296页。

（二）要坚持"团结——批评——团结"

开展批评和自我批评，不是为批评而批评，而是本着团结的愿望出发，经过批评或斗争，分清是非，最终是为了达到团结的目的。对此，毛泽东同志有过精辟论述："因为如果在主观上没有团结的愿望，一斗势必把事情斗乱，不可收拾，那还不是'残酷斗争，无情打击'？那还有什么党的团结？"[1]

在延安整风运动中，毛泽东将批评与自我批评的作风概括成为"团结——批评——团结"的公式。1957年2月，他在解释这个公式时指出："在一九四二年，我们曾经把解决人民内部矛盾的这种民主的方法，具体化为一个公式，叫做'团结——批评——团结'。讲详细一点，就是从团结的愿望出发，经过批评或者斗争使矛盾得到解决，从而在新的基础上达到新的团结。按照我们的经验，这是解决人民内部矛盾的一个正确的方法。一九四二年，我们采用了这个方法解决共产党内部的矛盾，就是教条主义者和广大党员群众之间的矛盾，教条主义思想和马克思主义思想之间的矛盾。"[2]

1943年，毛泽东发现了延安审查干部运动中出现的"逼、供、信"问题后，制定了审干工作的"九条方针"和"一个不杀，大部不抓"的政策，对被"抢救"的干部进行甄别，对被整错的同志给予平反、恢复名誉，还亲自出面向被整错的同志赔礼道歉。

对审干工作中扩大的错误，毛泽东主动承担了责任，多次进行自我批评。例如，有一次在中央党校礼堂开会时，毛泽东说："整个延安犯了许多错误。谁负责？我负责。我是负责人嘛！""这次大家都洗了澡，就是

---

[1] 毛泽东：《关于正确处理人民内部矛盾的问题》（1957年2月27日），《毛泽东文集》第7卷，北京：人民出版社，1999年6月第1版，第210页。

[2] 毛泽东：《关于正确处理人民内部矛盾的问题》（1957年2月27日），《毛泽东文集》第7卷，北京：人民出版社，1999年6月第1版，第210页。

水热了一点儿。不少同志被搞错了。凡是被搞错了的要一律纠正,坚决平反!""有的同志被错戴了帽子,这也没得要紧。帽子戴错了,现在我把它给你们摘下来就是了。"

许多受过冤屈的同志一开始还颇有怨气,后来经过毛泽东多次诚恳地赔礼道歉、进行自我批评,怨气也就逐渐消失了,不仅没有损害相互之间的感情,还增进了团结。

这是延安整风运动中党的领袖带头批评和自我批评、增进党的团结的一个缩影。通过坚持"团结——批评——团结"的公式,贯彻"惩前毖后,治病救人"的方针,延安整风运动达到了既要弄清思想又要团结同志两个目的。经过延安整风运动,全党达到了空前的团结统一,为最终取得新民主主义革命的胜利奠定了基础。

新时代党员、党员干部开展批评和自我批评,坚持"团结——批评——团结"的公式仍然具有重要意义。2013年6月,习近平总书记在党的群众路线教育实践活动工作会议上发表重要讲话,要求"各级党组织要教育党员干部坚持'团结——批评——团结'的公式",开展好批评和自我批评。

(三)要坚持"照镜子、正衣冠、洗洗澡、治治病"

关于为什么要开展批评和自我批评,毛泽东同志有过形象的比喻。他说:"房子是应该经常打扫的,不打扫就会积满了灰尘;脸是应该经常洗的,不洗也就会灰尘满面。我们同志的思想,我们党的工作,也会沾染灰尘的,也应该打扫和洗涤。"[1]

但是,毕竟人的思想不能简单等同于房子,房子里有了灰尘,是很容易打扫干净的;人的思想沾染了灰尘,要想肃清和打扫,是不容易做的。

---

[1] 毛泽东:《论联合政府》(1945年4月24日),《毛泽东选集》第3卷,北京:人民出版社,1991年6月第2版,第1096页。

对此，毛泽东同志有着清醒的认识，在《反对党八股》一文中，他指出，对于主观主义、宗派主义、党八股这些东西的肃清工作和打扫工作是不容易的，要重重地给患病者一个刺激，使患者为之一惊，出一身汗，然后好好叫他们治疗。

2012年11月，党的十八大决定要在全党深入开展以为民务实清廉为主要内容的党的群众路线教育实践活动。党中央借鉴延安整风经验，对党的群众路线教育实践活动明确提出了"照镜子、正衣冠、洗洗澡、治治病"的总要求。

照镜子，主要是以党章为镜，对照党的纪律、群众期盼、先进典型，对照改进作风要求，在宗旨意识、工作作风、廉洁自律上摆问题、找差距、明方向。

正衣冠，主要是在照镜子的基础上，按照为民务实清廉的要求，勇于正视缺点和不足，严明党的纪律特别是政治纪律，敢于触及思想、正视矛盾和问题，从自己做起，从现在改起，端正行为，自觉把党性修养正一正、把党员义务理一理、把党纪国法紧一紧，保持共产党人良好形象。

洗洗澡，主要是以整风的精神开展批评和自我批评，深入分析发生问题的原因，清洗思想和行为上的灰尘，既要解决实际问题，更要解决思想问题，保持共产党人政治本色。

治治病，主要是坚持惩前毖后、治病救人方针，区别情况、对症下药，对作风方面存在问题的党员、党员干部进行教育提醒，对问题严重的进行查处，对不正之风和突出问题进行专项治理。

"照镜子、正衣冠、洗洗澡、治治病"的总要求，概括起来就是自我净化、自我完善、自我革新、自我提高，这其实也是对党员、党员干部开展批评与自我批评的总要求。

2016年10月，党的十八届六中全会通过的《关于新形势下党内政治生活的若干准则》将此纳入到对开展批评与自我批评的要求中：批评和自我批评必须坚持实事求是，讲党性不讲私情、讲真理不讲面子，坚持"团结——批评——团结"，按照"照镜子、正衣冠、洗洗澡、治治病"的要求，严肃认真提意见，满腔热情帮同志，决不能把自我批评变成自我表扬、把相互批评变成相互吹捧。

二、共产党人开展自我批评的动力来源

让一个普通人认识到自己的缺点和不足，并就此展开自我批评，是不大容易的一件事。但是共产党人却能够把自我批评作为自己必须具备的作风之一，动力来自哪？

（一）根本动力来自党性

党性即政党的本质属性，是其所代表的阶级属性的集中体现，因此也就成为该政党区别于其他政党的根本特征。

共产党人的党性是无产阶级属性的集中体现。列宁在《社会主义政党和非党的革命性》一文中指出，"严格的党性是阶级斗争高度发展的伴随现象和产物。反过来说，为了进行公开而广泛的阶级斗争，必须发展严格的党性。因此，觉悟的无产阶级的政党——社会民主党，完全应该随时同非党性作斗争，坚持不懈地为建立一个原则坚定的、紧密团结的社会主义工人政党而努力。"[1]

中国共产党人的党性就是中国共产党作为无产阶级政党的性质、目标、宗旨、作风、纪律、道德等各方面的要素在党员身上的内化，并通过党员的外在行为体现出来的特性。1941年6月，刘少奇同志在中共中央华中局党校的演讲中指出："共产党员的党性，就是无产者阶级性最高而集中的

---

[1]《列宁选集》第1卷，北京：人民出版社，2012年9月第3版修订版，第672页。

表现，就是无产者本质的最高表现，就是无产阶级利益最高而集中的表现。共产党员的党性锻炼和修养，是党员本质的改造。"[1]

我们党始终高度重视党员党性修养，以此保证党的先进性和纯洁性，提高党的战斗力。在党的七大上，为激励和鼓舞大会代表和全体党员更好地发挥先锋模范作用，毛泽东为代表题写了"提高党性"的赠词，号召全党同志加强党性锻炼，增强党性觉悟，做党性坚强的共产主义先锋战士。

新时代，习近平总书记强调："党性是党员干部立身、立业、立言、立德的基石。"[2] 同时也指出，"干部的党性修养、道德水平，不会随着党龄工龄的增长而自然提高，也不会随着职务的升迁而自然提高，必须强化自我修炼、自我约束、自我改造。"[3]

如何强化自我修炼、自我约束、自我改造，不断提高党性修养？一个重要的答案就是自我批评。1941年7月，在中国共产党成立20周年之际，中央政治局通过了《中央关于增强党性的决定》，指出"为了纠正上述违反党性的倾向，必须采取以下办法"，其中办法之一就是"要用自我批评的武器和加强学习的方法，来改造自己使适合于党与革命的需要。要求每个党员特别是每个负责领导的干部，都深刻反省自己的弱点，把党的利益看得高于一切，任何人都不应有自满自足，自私自利的观念。要提倡大公无私，忠实朴素，埋头苦干，眼睛向下，实事求是，力戒骄傲，力戒肤浅的作风。要改造那些把理论与实践、学习与工作完全脱节的现象，这样来

---

[1] 刘少奇：《人的阶级性》（1941年6月），《刘少奇论党的建设》，北京：中央文献出版社，1991年5月第1版，第225页

[2]《习近平：坚持用好批评和自我批评的武器，提高领导班子解决自身问题能力》，新华网，2013年9月25日。

[3] 习近平：《广大干部特别是年轻干部要做到信念坚、政治强、本领高、作风硬》（2019年3月1日），《习近平谈治国理政》第3卷，北京：外文出版社，2020年6月第1版，第521页。

更加坚定自己的阶级立场、党的立场与党性。"[1]

这其实就是说明了共产党人开展自我批评的根本动力,那就是来源于党性。换句话说,共产党人开展自我批评的目的,就是要不断提高党性修养,始终保持党的先进性和纯洁性。

(二)根本动力来自对党和人民事业高度负责的精神

中国共产党人的初心和使命,就是为中国人民谋幸福,为中华民族谋复兴。为实现这个初心和使命所采取的行动,就是党和人民的事业所在。

中国共产党在团结带领人民干革命、搞建设、抓改革的过程中,并不是一帆风顺的,有时候难免会犯错误,给党和人民的事业带来损失。比如,建党初期出现的陈独秀右倾投降主义错误,致使中国革命在强大敌人的突然袭击下遭到惨重失败,已经发展到了六万多党员的党只剩下了一万多党员。而后出现的王明"左"倾冒险主义错误,造成第五次反"围剿"的失败,使革命根据地和白区的革命力量都受到极大损失,红军从30万人减到3万人左右,共产党员从30万人减到4万人左右。对此,毛泽东同志指出:"人对客观世界的认识,由必然王国到自由王国的飞跃,要有一个过程。""在民主革命时期,经过胜利、失败、再胜利、再失败,两次比较,我们才认识了中国这个客观世界。"[2]

中国共产党一路走来,虽然犯过错误,但是依然赢得了人民的衷心拥护,并且带领人民取得了一个又一个光辉业绩,原因何在?习近平总书记给出了答案:"中国共产党的伟大不在于不犯错误,而在于从不讳疾忌医,

---

[1]《中央关于增强党性的决定》(中共二十周年纪念日一九四一年七月一日中央政治局通过),人民网,2014年4月30日。

[2] 毛泽东:《在扩大的中央工作会议上的讲话》(1962年1月30日),《毛泽东文集》第8卷,北京:人民出版社,1999年6月第1版,第298—299页。

敢于直面问题,勇于自我革命,具有极强的自我修复能力。"[1]

中国共产党敢于直面问题、勇于自我革命的重要表现和方法之一就是自我批评。1962年1月至2月,中央工作扩大会议在北京召开。参加这次会议的各方面负责人一共有7000多人,因此也被称为"七千人大会"。这次大会主要是针对1958年以来在中央和地方的工作中间"发生了一些缺点和错误",并且产生了一些不正确的观点和作风,需要通过批评与自我批评来检讨错误,统一思想认识。

毛泽东同志在会上带头作了自我批评,并主动地承担了责任。他指出:"有了错误,一定要作自我批评,要让人家讲话,让人批评。去年六月十二号,在中央北京工作会议的最后一天,我讲了自己的缺点和错误。我说,请同志们传达到各省、各地方去。事后知道,许多地方没有传达。似乎我的错误就可以隐瞒,而且应当隐瞒。同志们,不能隐瞒。凡是中央犯的错误,直接的归我负责,间接的我也有份,因为我是中央主席。我不是要别人推卸责任,其他一些同志也有责任,但是第一个负责的应当是我。"[2] 在毛泽东的带动下,有力推动了全国批评和自我批评之风,这对于统一全党认识、促进国民经济的恢复和发展起到了积极的作用。

周恩来也多次出于对党和人民事业高度负责的精神,主动进行自我批评。1973年6月,越南劳动党第一书记黎笋率党政代表团访华。周恩来带病亲自陪同客人到延安参观访问。他陪同客人参观延安革命纪念馆,当看到1949年10月26日毛泽东给延安人民的复信时停下脚步,指着其中几句话说:"早在20多年前,毛主席就嘱咐延安人民要'继续团结一致,

---

[1] 习近平:《党必须勇于自我革命》(2017年2月13日),《习近平关于"不忘初心、牢记使命"重要论述选编》,北京:党建读物出版社、中央文献出版社,2019年5月第1版,第281页。

[2] 毛泽东:《在扩大的中央工作会议上的讲话》(1962年1月30日),《毛泽东文集》第8卷,北京:人民出版社,1999年6月第1版,第296页。

迅速恢复战争的创伤，发展经济建设和文化建设'。但这一条我们做得很不够，很不够。"在同延安地区党政负责人谈话时，他得知群众的生活仍十分困苦，再次难过得流下眼泪。

当晚，周恩来主持召开陕西省省地党政负责人会议，揪心地自我批评道："我是总理，全国当家的，这个家没管好，有责任呀。我对不起延安人民。"这天晚饭，延安市革委会宴请越南客人。宴会进行到将近一半时，周恩来站起来，当着越南客人的面严肃、坦诚地说："解放都这么多年了，延安的经济还没有发展起来，人民的生活还这么艰难，我作为国务院总理，对此负有直接责任。今天我要当众作自我批评。"

以毛泽东、周恩来为代表的中国共产党人面对错误，为何能够做到主动承担责任、带头进行自我批评，就缘于他们对党和人民事业高度负责的精神。正如毛泽东在党的七大上所做的政治报告说的那样："以中国最广大人民的最大利益作为出发点的中国共产党人，相信自己的事业是完全合乎正义的，不惜牺牲自己个人的一切，随时准备拿出自己的生命去殉我们的事业，难道还有什么不适合人民需要的思想、观点、意见、办法，舍不得丢掉的吗？"[1]

我们党除了国家、民族、人民的利益，除了人民大众的事业，没有任何自己的特殊利益和特殊事业。对此，习近平总书记指出："不谋私利才能谋根本、谋大利，才能从党的性质和根本宗旨出发，从人民根本利益出发，检视自己；才能不掩饰缺点、不回避问题、不文过饰非，有缺点克服缺点，有问题解决问题，有错误承认并纠正错误。"[2]

---

[1] 毛泽东：《论联合政府》（1945年4月24日），《毛泽东选集》第3卷，北京：人民出版社，1991年6月第2版，第1096—1097页。
[2] 习近平：《党必须勇于自我革命》（2017年2月13日），《习近平关于"不忘初心、牢记使命"重要论述选编》，北京：党建读物出版社、中央文献出版社，2019年5月第1版，第282页。

这就揭示了共产党人开展自我批评的根本动力，那就是来源于对党和人民事业高度负责的精神。

三、共产党人要勇于开展自我批评

2017年2月，习近平总书记在省部级主要领导干部学习贯彻党的十八届六中全会精神专题研讨班上的讲话中强调，"一个马克思主义政党，要保持先进性和纯洁性，实现崇高使命，必须'以补过为心，以求过为急，以能改其过为善，以得闻其过为明'，一刻不放松地解决自身存在的问题，始终跟上时代、实践、人民的要求。"[1]这就要求党员、党员干部必须要勇于开展自我批评，及时革除自身病症，依靠自己解决自身问题。

（一）要有"检身若不及"的自觉

"检身若不及"，出自《尚书·伊训》，原文是："居上克明，为下克忠，与人不求备，检身若不及，以至于有万邦，兹惟艰哉！"

这是商朝大臣伊尹写给太甲帝王的教导与告诫。太甲是商朝开国之君汤的孙子，伊尹则是开国老臣，五朝元老。太甲登基时只有10岁，由伊尹负责从旁辅佐朝政。太甲开始还能听伊尹的教导，谨言慎行，恪守祖辈的礼法，认真对待政事。可是没过几年，随着权力带来的"快感"，他顽劣的性情开始滋长，变得恣意妄为，喜声乐，醉酒宴，一再破坏礼法。更可怕的是，他竟越来越像夏桀，喜欢滥用民力，暴虐嗜杀，百姓苦不堪言，对他的不满越积越深。伊尹担心这么持续下去，会把祖宗打下来的天下所葬送，于是决定给太甲下一猛药。他利用祭奠宣读祭文的机会，向汤的亡

---

[1] 习近平：《党必须勇于自我革命》（2017年2月13日），《习近平关于"不忘初心、牢记使命"重要论述选编》，北京：党建读物出版社、中央文献出版社，2019年5月第1版，第282页。

灵宣告，为了商朝能千秋万代，要将太甲留在桐宫，让他反思自己的言行，帮他领悟治国的道理。由于大臣们都支持伊尹，太甲无奈只能前往桐宫。在桐宫期间，他逐渐了解到祖父打江山的不容易，深刻反思了自己的所作所为，决心以祖父为榜样，严格要求自己，经常反省自己，尤其注重修炼自己的德行。三年后，伊尹带领文武大臣来到桐宫，用隆重的仪式把太甲接回了亳都，让太甲归位主政。

从此，"检身若不及"逐渐成为中国士大夫用以修身的格言警句，表达了一种反省反思、严于律己的精神和担当，与"吾日三省吾身"有异曲同工之处。

中国共产党人作为中国无产阶级的先进分子，更是应当将"检身若不及"作为终身座右铭，时时刻刻反省检讨自己，不断提高党性修养。1942年4月，毛泽东同志在中央学习组会议上的报告指出："批评和自我批评是一个整体，缺一不可，但作为领导者，对自己的批评是主要的。""要反复研究自己的思想、自己的历史、自己现在的工作，好好地反省一下，要做模范。"[1]

彭德怀同志就是一个善于自省的模范。他常说，我是每月一省吾身。不论怎样忙，每月总要抽出半天时间，把自己做过的事情认真地检讨一番，看哪些做对了，哪些做错了，以便少犯错误或不犯错误。

彭德怀同志这种可贵的自省精神，贯穿在他整个的生命旅程中。即使是在晚年，遭受到不公正的待遇的情况下，他还反省自己在西北战场的经验教训，认为自己在西北战场指挥上有过两次错误。

"第一次错误，是在1947年10月下旬，打下清涧，活捉了蒋部师长廖昂后。陕北气候寒冷，部队经过半年多的紧张战斗，应该就在清涧、延

---

[1] 毛泽东：《关于整顿三风》（1942年4月20日），《毛泽东文集》第2卷，北京：人民出版社，1993年12月第1版，第418页。

长线进行整训,不要再去打榆林了。结果围攻榆林近月未下,妨害部队修整训练。如不再打榆林,新式整军可以多搞一个半月,成绩会更大些。我在作战指挥上有一个优点,就是不满足于已得胜利;但求之过急,就变成了缺点,而且屡戒屡犯,不易改正。第二次打榆林,只是想到中央在米脂、绥德一带不安全,打下榆林就放心了,未考虑其他方面。"

"第二次错误是在瓦子街战役大胜后。进占陇东、邠州,截断了西兰公路之后,应当集结兵力,进行修整,争取教育瓦子街战斗中的大批俘虏。但当时想乘胜进攻宝鸡,破坏胡宗南后方,缩短西北战争时间。这就是思想上的急躁病,产生了轻敌思想。结果胡宗南采取了异常迅速的手段,从延安、主要是从河南调集最大的兵力,和青海马继援部一起向我夹击。我撤出宝鸡后,搞得很疲劳;因为过度疲劳,使本来可以歼灭之敌而未能歼灭。这样的教训在我的战斗中,过去有过几次,但都没有这次深刻。过急求成,在思想上是主观主义,在行动上是冒险主义,而且往往发生于连续大胜之后。"[1]

正是这种可贵的自省精神,使他胜不骄,败不馁,始终保持着党的谦虚谨慎、密切联系群众的光荣传统和优良作风。

党的十八大以来,习近平总书记经常引用"检身若不及"或类似的典故来教育引导广大党员、党员干部。

2013年6月,他在全国组织工作会议上的讲话中指出:"要时刻用党章、用共产党员标准要求自己,要有'与人不求备,检身若不及'的精神,时刻自重自省自警自励,努力做到'心不动于微利之诱,目不眩于五色之惑',老老实实做人,踏踏实实干事,清清白白为官。"[2]

2017年2月,他在省部级主要领导干部学习贯彻党的十八届六中全会

---

[1] 彭德怀:《彭德怀自述》,北京:人民出版社1981年版,第255—256页。
[2] 习近平:《着力培养选拔党和人民需要的好干部》(2013年6月28日),《习近平谈治国理政》第1卷,北京:外文出版社,2014年10月第1版,第417页。

精神专题研讨班上的讲话中强调，"各级党委要对照党章和党纪党规，对照党的理论和路线方针政策，以'君子检身，常若有过'（注：出自《亢仓子·训道篇》）的态度来发现自身的不足和短板，并进行由浅入深、由表及里的分析，做到知耻而后勇、知之而后定。"[1]

2021年3月，他在中央党校（国家行政学院）中青年干部培训班开班式上的讲话又强调，"年轻干部要有'检身若不及'的自觉。"

作为新时代的党员、党员干部，要更好承担起民族复兴大任，就必须牢记习近平总书记的嘱托，以党的历史上先进模范人物为榜样，以"检身若不及"的自觉，时刻自重自省自警自励，经常开展自我批评，一刻也不放松地发现并解决自身存在的问题，确保自己能够始终跟上时代、实践、人民的要求。

（二）要用"四个对照"主动查找

党员、党员干部开展自我批评，必须要有对照标准，这样查找出来的问题才会更精确，整改起来才会更有针对性，改进工作的效果才会更明显。否则查找问题就容易陷入"空对空"，难以达到预期效果。那么，党员、党员干部开展自我批评，应该从哪些方面入手，或者对照哪些标准？

第一，要对照党的理论查找缺点和不足。政治上的坚定，来自理论上的清醒。我们党作为马克思主义政党，其先进性首先体现为思想理论上的先进性。刘少奇有句名言："没有理论的人容易被'俘虏'。"党员、党员干部要练就"金刚不坏之身"，就必须用科学理论武装头脑，不断培植精神家园。新时代党员、党员干部开展自我批评，首先要对照党的理论特别是习近平新时代中国特色社会主义思想，重点查找自身在学懂、弄通、

---

[1] 习近平：《党必须勇于自我革命》（2017年2月13日），《习近平关于"不忘初心、牢记使命"重要论述选编》，北京：党建读物出版社、中央文献出版社，2019年5月第1版，第284页。

做实方面存在的问题,以及在增强"四个意识"、坚定"四个自信"、做到"两个维护"方面还有哪些差距。

第二,要对照党章、党规、党纪查找缺点和不足。没有规矩,不成方圆。党章是全党必须遵循的总章程,也是总规矩。党的纪律是刚性约束,政治纪律更是全党在政治方向、政治立场、政治言论、政治行动方面必须遵守的刚性约束。党员、党员干部开展自我批评,要对照《中国共产党章程》《关于新形势下党内政治生活的若干准则》《中国共产党纪律处分条例》《中国共产党问责条例》等党规党纪,重点查找自身是否符合共产党员和领导干部的标准,是否模范遵守党内政治生活准则,是否有违反党的纪律特别是政治纪律的言行,以及在知敬畏、存戒惧、守底线方面还存在哪些差距。

第三,要对照初心使命查找缺点和不足。初心和使命是激励中国共产党人不断前进的根本动力。践行这个初心使命,要求全党同志要永远与人民同呼吸、共命运、心连心,不断实现人民对美好生活的向往。党员、党员干部开展自我批评,就是要把初心使命作为标尺,查看自身在思想观念上是否树牢全心全意为人民服务的宗旨意识,在发展理念上是否站稳人民立场、践行以人民为中心发展思想,在具体工作中是否不断增强人民群众获得感、幸福感、安全感,以及在为民务实清廉方面还存在哪些差距。

第四,要对照党中央部署要求查找缺点和不足。党中央部署要求是党的路线方针政策的具体化,是完成党的执政目标的重要载体。习近平总书记指出:"抓落实,从各级党委、政府和领导干部工作方面讲,就是抓党和国家各项方针政策、工作部署和措施要求的落实。"[1]党员、党员干部开展自我批评,就是要对照党中央部署要求,查找自身是否做到了党中央提倡的坚决响应,党中央决定的坚决执行,党中央禁止的坚决不做,以及在知责于心、担责于身、履责于行方面还存在哪些差距。

---

[1] 习近平:《关键在于落实》,《求是》,2011年第6期。

（三）要及时改正自身缺点和不足

古人云：人谁无过？过而能改，善莫大焉。对一个人来说如此，对一个政党来说也是如此。列宁在《共产主义运动中的"左派"幼稚病》中指出："一个政党对自己的错误所抱的态度，是衡量这个政党是否郑重，是否真正履行它对本阶级和劳动群众所负义务的一个最重要最可靠的尺度。公开承认错误，揭露犯错误的原因，分析产生错误的环境，仔细讨论改正错误的方法——这才是一个郑重的党的标志。"[1]

党员、党员干部开展自我批评，查找自身存在的缺点和不足，不是为了批评而批评，也不是为了找问题而找问题，最终目的是为了改正缺点、弥补不足、提高工作，更好地推动党和人民的事业。毛泽东同志指出："共产党人必须随时准备修正错误，因为任何错误都是不符合于人民利益的。"[2]

周恩来在这方面为我们树立了光辉的典范。周恩来在中南海西花厅的住房和办公室都是旧式建筑，年久失修，很有必要翻修一下。周恩来身边的工作人员，多次去请示他提出修缮的问题，但是都碰了钉子。1959年初，周恩来身边的工作人员趁他出差在外，并瞒着邓颖超，对住房略做修理，粉刷了一下墙，铺了地板，更换了窗帘。周恩来回京后，对此事非常生气，当即要求管理人员马上把所铺的地板和新装的窗帘统统换回原来的样子，然后自己付了维修费。事后，周恩来还主动在国务院召开的会议上几次三番地做了自我批评："我身为总理，带一个好头，影响一大片；带一个坏头，也影响一大片。所以，我必须严格要求自己。"

新时代党员、党员干部开展自我批评，不仅要勇于剖析自己，及时发现自身缺点和不足，更为关键的是要像周恩来那样，针对自身缺点和不足，

---

[1] 列宁：《共产主义运动中的"左派"幼稚病》（1920年4—5月），《列宁选集》第4卷，北京：人民出版社，2012年9月第3版修订版，第167页。
[2] 毛泽东：《论联合政府》（1945年4月24日），《毛泽东选集》第3卷，北京：人民出版社，1991年6月第2版，第1095页。

当机立断采取纠正措施，这样才能达到自我批评的目的。

四、共产党人要敢于开展批评

党员、党员干部不仅要勇于开展自我批评，而且要敢于开展批评。习近平总书记强调："忠言逆耳，良药苦口。作为共产党人，有话要放到桌面上来讲。"[1] 党员、党员干部要从党性出发，多用、常用、用够用好批评这个武器，使之成为一种习惯、一种自觉、一种责任。

（一）要以高度负责的精神大胆开展批评

党员、党员干部开展批评，不仅是自己意愿或感情的事，而且是一种对党、对事业、对同志的责任。因此，党员、党员干部必须要本着对党、对事业、对同志高度负责的精神大胆开展批评。

对党负责，本质上就是对人民负责，就是要始终把党和人民放在心中最高位置，把维护党和人民的利益作为开展批评的出发点和落脚点。

对事业负责，就是要对我们党领导人民正在进行的中国特色社会主义伟大事业负责，把维护党的基本理论、基本路线、基本方略作为开展批评的出发点和落脚点。

对同志负责，就是要本着爱护同志、帮助同志的精神开展批评，敢于指出同志缺点和不足，帮助同志改进提高，团结同志一道前进。

对党负责、对事业负责、对同志负责，三者本质上是一致的。因为我们的党是由千千万万党员组成的，我们党所从事的事业也离不开千千万万党员的奋斗。全体党员相互开展批评，通过积极健康的思想斗争，能够不

---

[1]《习近平：坚持用好批评和自我批评的武器，提高领导班子解决自身问题能力》，新华网，2013年9月25日。

断洗涤每个党员、党员干部的思想和灵魂，从而为推进党和人民的事业提供坚强的思想保证。

在我们党的历史上，李达是中共一大代表，是中国共产党的主要创始人和早期领导之一。新中国成立后，李达担任武汉大学校长。李达与毛泽东是诤友，他不为贤者讳，不为尊者隐，出于对事业和真理，也是对毛泽东同志高度负责的精神，敢于直言批评毛泽东。

1958年"大跃进"高潮时，经湖北省委批准，鄂州县委门口贴出"人有多大胆，地有多高产"的标语。李达知道后，就给时任湖北省委秘书长梅白打电话，怒斥这是唯心主义，还提出要见在湖北视察的毛泽东。他见到毛泽东后就说："润之，我要单刀直入了，'人有多大胆，地有多高产'不是马克思主义。"毛泽东听后就以中国革命为例子说："这叫发挥人的主观能动性。"李达生气地打断毛泽东的话，说："润之，发挥主观能动性是要有一定条件的。你发烧40℃，下面就会发烧41℃、42℃。"

毛泽东没有再说什么，他深知李达的脾气。后来，他对梅白说："孔子说过，六十而耳顺，我今年63，但不耳顺。听了鹤鸣兄（注：李达，号鹤鸣）的话很逆耳。这是我的错。"毛泽东还要梅白约李达再谈，并转告"六十耳顺"的话。李达听后怒气全消，说："还是润之气量大。"

李达本着对党、对事业、对同志高度负责的精神敢于大胆批评党的主席毛泽东，同样毛泽东出于对党、对事业、对同志高度负责的态度，以宽宏大量的气度接纳了李达的批评，表现出共产党人光明磊落的气概，这对于新时代党员、党员干部开展批评具有重要的借鉴意义。

（二）批评要开诚布公

习近平总书记要求，党员、党员干部开展批评要出于公心，要与人为善。在十八届中央纪委第七次全会上，他进一步强调："要坦诚相见、开诚布公，让正常的批评和自我批评成为党内政治空气的清洁剂，让党员、干部习惯在相互提醒和督促中进步。"[1]《关于新形势下党内政治生活的若干准则》也明确规定,批评必须出于公心,不主观武断,不发泄私愤。

习近平总书记的重要要求和党内法规规定,为党员、党员干部开展批评立下了"规矩",任何对同志不负责任的主观武断妄下结论,或罔顾事实依据借机发泄私愤,都是被明令禁止的。共产党人之间开展批评,那就是要开诚布公、出以公心、态度诚恳、讲究方法,要实事求是、分清是非、辨别真假,切忌从个人恩怨、得失、利害、亲疏出发看事待人。只有这样,才能达到帮助同志、增进团结的目的。

1940年8月至1941年1月,彭德怀指挥八路军总部发动了百团大战。这是全国抗战以来八路军在华北发动的规模最大、持续时间最长的一次带战略性进攻的战役。它钳制了日军大量兵力,打击了日军的侵略气焰,在抗日局面比较低沉时振奋了全国军心。

但是,在延安召开的一次会上,有些同志对彭德怀同志搞"百团大战"提出了不公正的、过火的批评,彭德怀同志为此十分恼火,他决心和毛泽东同志交换一下意见,并要求周恩来同志做中间人。

一天晚上,在毛泽东居住的窑洞,三个人坐到一起。谈话开始时,毛泽东首先开门见山地说:"咱们定下个君子协定:第一,把话讲透。第二,可以骂娘。第三,各自检讨,不准记仇,不得影响工作。"

接着,毛泽东平静地对彭德怀说:"我先给你作检讨。造成这样子的后果,责任全在我,事先没得向你通气,事后又没得向你作解释,这也是老同乡我的不对……"

听了毛泽东的这番话,彭德怀积在心里的不解及埋怨顿时消失了。他轻声地说:"同志间的了解、信任胜过最高奖赏,有主席今晚这席话,就是现在叫我去死,也是死而无憾了。你还是了解我的,倒是我对你有误会,

---

[1]《习近平在十八届中央纪委七次全会上发表重要讲话》,中国政府网,2017年1月6日。

甚至有埋怨情绪，还要请你原谅，我是个粗人呀！"这时，周恩来笑着说："君子协定的第一条是把话说透，不要错过这个机会哟。"

"那好，"彭德怀紧接着说，"言不透，意不明，话不说完，心不静。说我老彭有莫大错误我都能听下去，说我老彭有个人野心，反对你，是帮助蒋介石，杀了老子的头，我也不认账。人怕伤心，树怕剥皮嘛！……对你，我只有一条意见，会前应该给我老彭打个招呼，叫我也有点思想准备。"

最后，彭德怀意味深长地说："你毛泽东，我彭德怀，他周恩来，我们在党内都要自觉地接受党的监督和约束，办任何事都要从党和人民的利益出发，我们谁也不能头脑发热、独断专行、随心所欲。否则的话，势必给党和人民造成无可挽回的损失。如果发生了这种反常的事，那么对我们来说，就是欠了党和人民的债，是有罪的啊！"

毛泽东被彭德怀同志的话深深地打动了，他握住彭德怀的手，说："你讲得太好了，我建议将你的这个观点，写到我们的党章里去，恩来同志，你不反对吧？""我举双手赞成！"周恩来说。[1]

三位领导人开门见山、把话讲透、各自检讨、不准记仇、不影响工作的作风，为新时代党员、党员干部开诚布公开展批评树立了典范和准则。

（三）批评要真刀真枪

自我批评难，相互批评更难。难就难在为人情所困、为利益所惑，怕结怨树敌、怕引火烧身，存在着批评上级怕穿小鞋、批评同级怕伤和气、批评下级怕丢选票等思想顾虑。因此，有人在开展批评时，往往是蜻蜓点水、避实就虚、避重就轻、一团和气。

对此，习近平总书记一针见血指出，这些行为和现象"说到底还是私

---

[1] 资料来源：《毛泽东向彭德怀检讨：百团大战若讲缺点先在我》，中国共产党新闻网，2013年10月11日。

心杂念作怪，缺乏党性和担当"，要求党员、党员干部"开展批评和自我批评，不绕弯子，直奔主题，真刀真枪提意见，满腔热情帮同志，起到红红脸、出出汗、触及思想、触及灵魂的效果"。[1]

抗日战争时期，朱德就在八路军第344旅召开过一次影响较大的民主生活会，生动展示了共产党人应该怎样开展批评。

1938年，第344旅转战太行山区，连战皆捷。第344旅在沁水县端氏镇休整、学习、整训期间，朱德来检查工作。该旅长身体不好，便请求去延安治病和学习。此事得到八路军总部批准。

这时，朱德认为，论资格和能力，可以由该旅23岁的团长田守尧代理旅长。旅政委黄克诚完全赞同。于是，朱德同田守尧谈话，明确告诉他代理旅长职务，等候八路军总部任命。

但八路军副总司令彭德怀和中央军委主席毛泽东不同意朱德的提议，认为田守尧在资历和领导能力方面，指挥一个近万人的主力旅，似乎不够，将另派人前来任职。

八路军总部派杨得志任第344旅代旅长后，田守尧就有点不高兴，为老旅长送行的聚餐会也不参加。

朱德见状，便对黄克诚说："开个党委会吧，开展批评与自我批评，对田守尧进行帮助。"于是，黄克诚召集旅党委会——即民主生活会。会议开始后，刚开始没人发言，黄克诚先开了口，但对田守尧的批评比较婉转，不够尖锐。朱德发火了，站起来一个一个指着与会领导干部说："你们这是什么党委会？不敢进行批评和自我批评，算什么共产党员？"接着，他对田守尧进行了严厉的批评。最后，朱德又说："戏点到谁，谁就唱，没点到你，就不能出台。共产党员嘛！我们都要听党中央的，不能闹情绪。"

---

[1] 习近平：《在第十八届中央纪律检查委员会第三次全体会议上的讲话》（2014年1月14日），《中国纪检监察杂志》2016年第3期。

后来，在朱德指导下，第344旅经过学习整训，总结了抗战以来的作战经验和教训，在战略思想和战术指挥上，实现了以打游击战为主的根本转变。次年春天，杨得志调走，田守尧经受了考验，相继被任命为该旅副旅长、新2旅旅长等。[1]

新时代党员、党员干部开展批评，也应该像朱德一样，不绕弯子、直奔主题，真刀真枪提意见，这样才能真正帮助同志认清问题、改正错误，从而达到帮助同志、增进团结、促进事业的目的。

五、共产党人要正确对待批评

对于一个普通人来说，对待批评意见的态度，反映着这个人的胸襟。对于共产党人来说，对待批评意见的态度，反映的不仅仅是个人胸襟的问题，还反映着党员的党性修养。

（一）要有虚心接受批评的胸怀和气度

习近平总书记在讲话中曾引用"君子之过也，如日月之蚀焉。过也，人皆见之；更也，人皆仰之"的典故。这句话出自《论语·子张》，是孔子的弟子子贡说的一句话。意思就是说，君子的过错就像天上的日食和月食一样。他犯了错误，人们都看得见；一旦他改正了错误，人们也照样会景仰他。

共产党人不怕有缺点，也不怕别人批评，关键是要有虚心接受批评的胸怀和气度，这是由党的性质宗旨所决定的。毛泽东在那篇著名的《为人民服务》中指出："因为我们是为人民服务的，所以，我们如果有缺点，

---

[1] 薛庆超：《朱德主持的一次民主生活会》，《共产党员应知的党史小故事》，北京：人民出版社，2019年7月第1版，第43—44页。

就不怕别人批评指出。不管是什么人,谁向我们指出都行。只要你说得对,我们就改正。你说的办法对人民有好处,我们就照你的办。"[1]

毛泽东还在这篇文章中提到了一个人物和一个事例,那就是李鼎铭和精兵简政。李鼎铭是陕西米脂人,开明绅士。1941年11月,在陕甘宁边区第二届参议会上当选为陕甘宁边区政府副主席。也是在这次会上,他联络姬伯雄等11名参议员,提出了《政府应彻底计划经济,实行精兵简政主义,避免入不敷出、经济紊乱之现象案》。中共中央和毛泽东十分重视这一提案。毛泽东将提案的内容逐字逐句地抄在笔记本上,同时还加了一段批语:"这个办法很好,恰恰是改进我们的机关主义、官僚主义、形式主义的对症药。"在毛泽东的高度重视下,经过陕甘宁边区议员们的充分讨论,最后通过了《关于开展"精兵简政"的决议》。

此后,李鼎铭又多次向中共中央和陕甘宁边区政府提意见和建议,有时甚至是对有些不良现象提出了批评,毛泽东等中央领导和陕甘宁边区政府不仅虚心接受了他的正确意见和建议,还与他建立了个人深厚友谊,在平时很尊重和关心他。1941年春节前,李鼎铭回故里探亲搬家。毛泽东闻讯后特派出那辆"福特牌"高级轿车送他回家过年。当时在陕甘宁边区,能享受这等殊荣的也只有李鼎铭一人。

如何面对别人的批评和意见,或者说是对别人的批评或意见,共产党人应该采取什么样的态度,毛泽东同志为我们作出了示范。

2016年1月,习近平总书记在十八届中央纪委第六次全会上的讲话指出:"对同志的提醒批评,要闻过则喜、虚心接受。"

党员、党员干部一定要以毛泽东等老一辈无产阶级革命家为榜样,牢记习近平总书记重要讲话要求,以"闻过则喜"的态度虚心接受批评。

---

[1] 毛泽东:《为人民服务》(1944年9月8日),《毛泽东选集》,北京:人民出版社,1991年6月第2版,第1004页。

（二）要容得下尖锐批评

良药苦口，忠言逆耳。既然是批评，就有温和的批评，也有尖锐的批评，有时候甚至还会出现有失偏颇的批评。对此，党员、党员干部要理性看待，一定要有容得下尖锐批评的胸襟。

1978年9月，广东惠州地区检察分院麦子灿，给时任省委第二书记的习仲勋写了一封批评信，措辞用语之尖锐、尖刻，超出上下级的容忍度，非一般人所能承受。

我们来看看信的开头，就知道多么充满火药味："我同你不熟悉，也未见过面，只听过你讲话的传达，只见过你的指示发表在报纸上。但从上述的接触中，我感觉到你还是一个爱听汇报，爱听漂亮话，喜欢夸夸其谈的人。"

信中列举习仲勋对惠州地区治水两大工程——澳河和潼河整治效果评价过高，不符事实，"这些漂亮话都是纸上和口头上的东西，都是听汇报得来的。但群众意见如何，群众呼声如何，你有否去听一听，是否真正如惠州地委讲的那么漂亮？我劝你认真下去听听群众的意见……所以说，你一讲话，就表了态，骑上了这只大虎更难下啊！"

再就是批评习仲勋处理群众来信来访不及时，搞"假把式"，"我看你讲的重视群众来信来访也是漂亮话，是句空话！因为你只讲，没检查督促。"

在这封1500字来信的结尾，还不忘"激将"一下习仲勋："你讲话中不是常说爱听刺耳话，说什么'良药苦口利于病'吗？现在给你提两个刺耳的意见，看你是否'叶公好龙'？"

麦子灿恐怕没想到，他的信竟顺利寄到习仲勋手中。10月18日，习仲勋给他回信："你的来信很好，对我们各级政府班子特别是负责干部目前的精神状态和工作作风中存在的问题，提出了十分中肯的意见，我表示诚恳接受，并决定将你的来信转发各地，以便进一步把党内民主空气发扬起来，为了更充分地听取你的意见，现趁刘田夫同志（省委书记）前来帮助惠州地委整风之便，委托他同你面谈，并请刘田夫同志帮助地委切实解决你所反映的问题。"

随后，习仲勋在省革委会上自曝来信，他说："这封信写得好，还可以写得重一点。下面干部敢讲话，这是一种好风气，应当受到支持和鼓励。不要怕听刺耳的话，写信的同志相信我不会打击报复他，这是对我们的信任。"两天后，习仲勋又给全省县以上党委和省直局以上负责人写了一封公开信，将麦子灿来信和他的回信一并转发，"请在党委中进行讨论。"他说，"麦子灿同志对我的批评，是对我们党内至今还严重存在的不实事求是、脱离群众等坏作风的有力针砭，应该使我们出一身冷汗，清醒过来……"[1]

"不要怕听刺耳的话"，习仲勋表现出了一个共产党人开阔的胸襟，也为新时代党员、党员干部如何面对尖锐批评树立了典范。

党员、党员干部面对尖锐批评甚至是不公正批评时，首先要有容得下的度量，对提出批评者给予支持和鼓励，推动全党全社会形成敢于直言的良好风气；其次要自我反省，针对提出的批评意见，认真剖析自身存在的缺点和不足，勇于改正错误，改进工作；最后就是要举一反三，深刻反思、查摆在其他方面存在的差距，提出整改措施，不断推动事业发展。

（三）有则改之，无则加勉

毛泽东同志在论述批评与自我批评时指出："对于我们，经常地检讨工作，在检讨中推广民主作风，不惧怕批评和自我批评，实行'知无不言，言无不尽'，'言者无罪，闻者足戒'，'有则改之，无则加勉'这些中国人民有益的格言，正是抵抗各种政治灰尘和政治微生物侵蚀我们同志的

---

[1] 林培：《习仲勋如何面对小人物的尖锐批评》，《北京日报》，2010年1月6日。

思想和我们党的肌体的唯一有效的方法。"[1]

"有则改之，无则加勉"，意思是别人给自己指出的缺点错误，如果有就改正，如果没有就用来勉励自己。毛泽东不但教育全党要"有则改之，无则加勉"，而且自身带头做到"有则改之，无则加勉"。

1941年6月3日下午，陕甘宁边区政府召开直属各县市长联席会议，讨论生产自给及经济建设、干部教育、卫生保育工作和运盐问题。这时，雷电从东南屋角穿入会议室内，延川县政府科长李彩云不幸被击中身亡。无独有偶，当天安塞县一位老农民在市场买东西时，拴在木桩上的驴被雷电击死。老农又哭又骂："老天爷不长眼，你咋不打死毛泽东？要打死我们家的驴？"

毛泽东听说后，不仅没让延安保卫部门处理骂他的农民，反而思考：群众发牢骚、有意见，说明我们的工作和政策有毛病。后经调查，原来是当地征粮太重了，这位农民心里有冤气，偏偏毛驴又死了，所以才借骂"雷"出气。随后，党中央、毛泽东及时作出决定，在陕甘宁边区开展减征公粮、军民大生产运动，自己动手，扭转缺衣少食的困难，根据地的老百姓生活也明显好转。

党的十八大以来，习近平总书记也多次强调党员、党员干部对待批评意见要"有则改之，无则加勉"。这既是一种态度，也是一种作风。党员、党员干部一定要谨记习近平总书记的指示要求，以"有则改之，无则加勉"的工作态度和作风，不断改进工作，提升水平，切实做到全心全意为人民服务。

---

[1] 毛泽东：《论联合政府》（1945年4月24日），《毛泽东选集》第3卷，北京：人民出版社，1991年6月第2版，第1096页。

第七章

敢于斗争是中国共产党的鲜明品格

习近平总书记强调:"敢于斗争、敢于胜利,是中国共产党人鲜明的政治品格,也是我们的政治优势。"[1]

斗争创造历史,斗争成就伟业。新时代党员、党员干部要完成我们党确定的目标任务,就必须要发扬斗争精神,增强斗争本领,做敢于斗争、善于斗争的战士。

一、党依靠斗争走到今天

习近平总书记指出:"马克思主义产生和发展、社会主义国家诞生和发展的历程充满着斗争的艰辛。"[2]纵览我们党百年的历史,其实就是一部为了民族独立、人民解放、国家富强、人民幸福而艰辛斗争的历史。

(一)党在斗争中成立

1840年鸦片战争后,中国逐步沦为半殖民地半封建社会,山河破碎,生灵涂炭,中华民族遭受了前所未有的苦难。

面对巨大苦难,中国人民没有屈服,以百折不挠的精神进行了前仆后继的英勇斗争。从三元里抗英斗争到太平天国运动,再到义和团运动,中国人民谱写了可歌可泣的斗争篇章。

1911年,辛亥革命推翻了清王朝,结束了几千年来的封建君主专制制度。但是,辛亥革命胜利的果实落入到了北洋军阀手中,中国依旧是半殖民地半封建社会,中国人民依旧在痛苦挣扎。

---

[1] 习近平:《在湖北省考察新冠肺炎疫情防控工作时的讲话》(2020年3月10日),《求是》,2020年第7期。
[2] 《习近平在中央党校(国家行政学院)中青年干部培训班开班式上发表重要讲话强调 发扬斗争精神增强斗争本领 为实现"两个一百年"奋斗目标而顽强奋斗》,中国政府网,2019年9月3日。

当中国人民在苦闷中摸索、在黑暗中抗争的时候,世界上发生了两件大事:一件是第一次世界大战,另一件就是俄国十月革命。国内也发生了两件大事:一件是新文化运动,另一件就是五四运动。国内外这四件大事对中国历史产生了重大而深远的影响。

其中,发生于1917年的俄国十月革命,第一次把社会主义从书本上的学说变成活生生的现实,开辟了人类历史的新纪元。同时,也给中国人民带来了新的希望。正如毛泽东所说的:"十月革命一声炮响,给我们送来了马克思列宁主义。"[1]

发生于1919年的五四爱国运动,则是近代中国史上一场以先进青年知识分子为先锋、包括工人阶级在内的广大人民群众参加的彻底反帝反封建的伟大爱国革命运动,标志着中国新民主主义革命的开端。正如毛泽东所说的:"五四运动的杰出的历史意义,在于它带着为辛亥革命还不曾有的姿态,这就是彻底地不妥协的反帝国主义和彻底地不妥协地反封建主义。"[2]

在中国人民顽强前行的伟大斗争中,在马克思列宁主义同中国工人运动相结合的伟大进程中,中国共产党应运而生。

1920年8月,陈独秀等人在上海成立了共产党早期组织,这是中国第一个共产党组织。1920年10月,李大钊等人在北京成立了共产党早期组织。此后的1920年秋至1921年春,武汉、长沙、济南、广州等地也成立了共产党早期组织。

各地共产党早期组织成立以后,组织开展了一系列活动,包括研究和宣传马克思主义、同反马克思主义思潮展开论战、在工人中进行宣传

---

[1] 毛泽东:《论人民民主专政》(1949年6月30日),《毛泽东选集》第4卷,北京:人民出版社,1991年6月第2版,第1471页。

[2] 毛泽东:《新民主主义论》(1940年1月),《毛泽东选集》第2卷,北京:人民出版社,1991年6月第2版,第699页。

和组织工作、成立社会主义青年团组织等，为建立全国统一的共产党创造了条件。

1921年7月23日，中国共产党第一次全国代表大会在上海法租界举行，会议的主要议程就是成立中国共产党。大会出席代表13人，他们是上海的李达、李汉俊，武汉的董必武、陈潭秋，长沙的毛泽东、何叔衡，济南的王尽美、邓恩铭，北京的张国焘、刘仁静，广州的陈公博，旅日的周佛海，以及由陈独秀指定的代表包惠僧。他们代表着50多名党员。共产国际代表马林和尼克尔斯基出席大会。

党的一大在召开的过程中也充满着惊心动魄的斗争。会议期间的一个晚上，代表们聚集在一起继续开会。马林用英语发言。正在这时，一个穿灰色长衫的陌生中年男子突然闯入会场，朝屋里环视一周，说是要找人。有着丰富秘密工作经验的马林立即警觉起来，断定此人是暗探，要求会议立即停止，代表们迅速分头离开。果不其然，代表们刚离开会场不久，法租界巡捕房的警车就到了。由于提前有所准备，所以巡捕和密探没有发现什么从事政治活动的证据，但是在四周布下了暗探。

为保证安全和完成会议任务，代表们紧急转移到浙江嘉兴南湖一条小船上继续进行，在船上完成了大会全部议程。

党的一大通过了中国共产党纲领，确定党的名称为"中国共产党"；设立了中央局作为中央的临时领导机构，选举陈独秀、张国焘、李达组成中央局，选举陈独秀担任书记。

就这样，中国共产党在斗争中正式成立了，成为中国历史上开天辟地的大事件。"从此，中国人民谋求民族独立、人民解放和国家富强、人民幸福的斗争就有了主心骨，中国人民就从精神上由被动转为主动。"[1]

---

[1] 习近平：《决胜全面建成小康社会，夺取新时代中国特色社会主义伟大胜利》（2017年10月18日），《习近平谈治国理政》第3卷，北京：外文出版社，2020年6月第1版，第10—11页。

（二）新中国在斗争中诞生

为推翻压在中国人民头上的帝国主义、封建主义、官僚资本主义三座大山，实现民族独立、人民解放、国家统一、社会稳定，中国共产党成立后，团结带领中国人民进行了艰苦卓绝的斗争。

党成立初期，就十分注重实际斗争。在党组织的发动和领导下，工人罢工斗争蓬勃兴起。从1922年1月香港海员大罢工开始，到1923年2月京汉铁路工人大罢工到达顶点，这期间爆发的罢工斗争达100多次，参加罢工的工人达30万以上，掀起了中国工人运动的第一次高潮。党在以主要精力领导工人运动的同时，也派出力量发动和领导农民运动、青年运动和妇女运动，使之呈现出新的面貌。

1924年1月，中国国民党第一次全国代表大会召开，标志着国民党改组的完成和第一次国共合作的正式形成。国共合作加快了中国革命的步伐。1925年的五卅运动标志着大革命高潮的到来。北伐战争的胜利进军，工农运动的猛烈高涨，给予帝国主义在华的侵略势力和北洋军阀的反动统治以致命打击。在大革命后期，由于资产阶级的叛变和党的领导机关犯了右倾机会主义错误，这场革命遭到了失败，年幼的中国共产党面临着生死存亡的严峻斗争考验。1927年4月12日，蒋介石突然在上海发动反革命政变，随后多个省份相继以"清党"为名，大肆搜杀共产党员和革命群众。北方的奉系军阀张作霖也捕杀大批共产党员和革命群众。1927年4月28日，中国共产党主要创始人之一李大钊在北京英勇就义。

1927年大革命失败后，中国共产党独立高举革命旗帜，领导中国人民的反帝反封建斗争进入到土地革命时期。1927年8月1日，在以周恩来为书记的中共中央前敌委员会的领导下，贺龙、叶挺、朱德、刘伯承等人率领党所掌握和影响下的军队两万多人，在南昌城头打响了武装反抗国民党反动派的第一枪。随后召开的八七会议在中国革命处于严重危机的情况下及时制定出继续进行革命斗争的新方针。9月9日，以毛泽东为书记的中共湖南省委前敌委员会发动了湘赣边界秋收起义。10月上旬，毛泽东率领起义部队到达井冈山，开始了创建革命根据地、开展工农武装割据的斗争，逐步开辟了农村包围城市、武装夺取政权的革命新道路。在这期间，由于党的领导机关犯了"左"倾教条主义等错误，革命事业遭受重大挫折，第五次反"围剿"斗争失败，中央红军开始长征。1935年召开的遵义会议实现了党的历史上的伟大转折。在新的历史条件下，党制定正确的方针和策略，将中国人民革命斗争推向了全民族抗日战争的新阶段。

1937年7月7日，日本侵略军发动卢沟桥事变，开始了全面侵华战争。在以中国共产党同中国国民党再次合作为基础的抗日民族统一战线条件下，中国进行了全民族抗日战争。中国共产党制定和实施全面抗战路线和持久战的战略总方针；领导人民军队深入敌后发动群众，开展抗日游击战争，建立和发展抗日民主根据地；实行发展进步势力、争取中间势力、孤立顽固势力和坚持抗战反对妥协、坚持团结反对分裂、坚持进步反对倒退的方针，成为全民族抗战的中流砥柱。在八年全国抗战中，八路军、新四军和其他人民抗日武装对敌作战12.5万余次，钳制和歼灭日军大量兵力，歼灭大部分伪军，敌后战场逐渐成为中国人民抗日战争的主战场。中国人民抗日战争的伟大胜利，是近代以来中国人民反抗外敌入侵持续时间最长、规模最大、牺牲最多的民族解放斗争，也是第一次取得完全胜利的民族解放斗争，成为中华民族走向复兴的历史转折点。中国人民抗日战争的伟大胜利警示我们，"实现中华民族伟大复兴，必须坚持斗争精神。"[1]

1945年抗日战争胜利后，中国共产党代表中国人民的根本利益，为争取和平民主进行了种种斗争。在全面内战爆发后，党领导解放区军民坚决以积极防御粉碎国民党军队的进攻，并积极推动国民党统治区的人民运动。

---

[1] 习近平：《在纪念中国人民抗日战争暨世界反法西斯战争胜利七十五周年座谈会上的讲话》（2020年9月3日），《论中国共产党历史》，北京：中央文献出版社，2021年2月第1版，第282页。

随着形势的发展，党指挥人民解放军转入战略进攻，经过战略决战和战略追击，领导人民推翻了国民党反动统治，夺取了新民主主义革命的全国性胜利，基本上完成了争取民族独立和人民解放的历史任务。

1949年9月21日，中国人民政治协商会议第一届全体会议在北平隆重开幕，毛泽东在开幕词中向全世界豪迈地宣告："我们的工作将写在人类的历史上，它将表明：占人类总数四分之一的中国人从此站立起来了。"10月1日，中华人民共和国成立。"这一伟大事件，彻底改变了近代以后100多年中国积贫积弱、受人欺凌的悲惨命运，中华民族走上了实现伟大复兴的壮阔道路。"[1]

（三）社会主义制度在斗争中建立

新中国成立后，从1949年至1952年，中国共产党领导全国各族人民为巩固人民民主政权而斗争，基本上完成土地制度改革和其他民主改革任务，开展镇压反革命运动和"三反""五反"运动，取得抗美援朝战争的胜利，迅速恢复遭到严重破坏的国民经济，为向社会主义转变进而实现工业化准备了条件。

1953年，党中央正式提出逐步实现国家的社会主义工业化，逐步实现国家对农业、手工业和资本主义工商业的社会主义改造的过渡时期总路线，开始实行第一个五年计划的大规模经济建设。

这期间，为争取有利于建设的国际和平环境，新中国进行了复杂的外交斗争和卓有成效的外交活动。为加强执政党建设和增强党的团结，也进行了一系列斗争。

到1956年底，我国基本上实现了对农业、手工业和资本主义工商业

---

[1] 习近平：《在庆祝中华人民共和国成立七十周年大会上的讲话》（2019年10月1日），《论中国共产党历史》，北京：中央文献出版社，2021年2月第1版，第268—269页。

的社会主义改造，确立了社会主义基本制度，成功实现了中国历史上最深刻最伟大的社会变革，为当代中国一切发展进步奠定了根本政治前提和制度基础。

（四）改革开放新时期在斗争中开启

1976年粉碎"四人帮"后，党内长期存在的"左"倾错误不仅没有纠正，相反却得到延续，突出表现就是提出和贯彻"两个凡是"的错误方针。1977年8月，党的十一大虽然宣告"文化大革命"结束，但是仍然肯定"文化大革命"的错误理论和实践。

由于"左"的指导思想没有得到根本纠正，"文化大革命"结束后的两年间，党和国家工作出现了在徘徊中前进的局面。广大干部群众强烈要求彻底扭转"文化大革命"造成的严重局势，使党和国家从危难中重新奋起。

1978年5月，新华社向全国转发《实践是检验真理的唯一标准》一文，引发了关于真理标准问题的讨论。由于《实践是检验真理的唯一标准》同"两个凡是"尖锐对立，并且触及盛行多年的思想僵化和个人崇拜现象，因此也受到一些人的强烈指责。

在关键时刻，邓小平对这场讨论给予及时而有力的支持。1978年6月2日，他在全军政治工作会议的讲话中着重阐述了毛泽东关于实事求是的观点，指出"马列主义、毛泽东思想如果不同实际情况相结合，就没有生命力了"[1]，批评在对待毛泽东和毛泽东思想问题上"两个凡是"的错误态度，号召"一定要肃清林彪、'四人帮'的流毒，拨乱反正，打破精神枷锁，使我们的思想来个大解放"[2]。此后，许多老一辈革命家也以不同

---

[1] 邓小平：《在全军政治工作会议上的讲话》（1978年6月2日），《邓小平文选》第2卷，北京：人民出版社，1994年10月第2版，第118页。
[2] 邓小平：《在全军政治工作会议上的讲话》（1978年6月2日），《邓小平文选》第2卷，北京：人民出版社，1994年10月第2版，第119页。

方式支持或参与讨论。

关于真理标准问题的讨论,也就是同"两个凡是"错误方针的斗争,为我们党重新确立马克思主义的思想路线、政治路线和组织路线奠定了思想基础。

1978年11月10日到12月15日,中央工作会议在北京召开。会议本来是要讨论经济工作的,但是因为陈云等老一辈革命家率先提出解决历史遗留问题,以及在关于真理标准等问题上几次思想交锋,使会议议程发生改变。在与会者强烈要求下,11月25日,中央政治局作出为天安门事件平反、为"薄一波等61人叛徒集团"案等错案平反的决定,解决了一批重大历史遗留问题。

12月13日,邓小平在闭幕会上作了题为《解放思想,实事求是,团结一致向前看》的重要讲话,高度评价了真理标准问题的讨论,指出"关于真理标准问题的讨论,的确是个思想路线问题,是个政治问题,是个关系到党和国家的前途和命运的问题"[1],号召要"解放思想,开动脑筋,实事求是,团结一致向前看"[2]。讲话还提出要"研究新情况,解决新问题",强调"再不实行改革,我们的现代化事业和社会主义事业就会被葬送"[3]。在经济政策上,邓小平提出要允许一部分地区、一部分企业、一部分工人农民,由于辛勤努力成绩大而收入先多一些,生活先好起来。一部分人生活先好起来,就必然产生极大的示范力量,就会使整个国民经济不断地波浪式地向前发展,使全国各族人民都能比较快地富裕起来。

---

[1] 邓小平:《解放思想,实事求是,团结一致向前看》(1978年12月13日),《邓小平文选》第2卷,北京:人民出版社,1994年10月第2版,第143页。
[2] 邓小平:《解放思想,实事求是,团结一致向前看》(1978年12月13日),《邓小平文选》第2卷,北京:人民出版社,1994年10月第2版,第141页。
[3] 邓小平:《解放思想,实事求是,团结一致向前看》(1978年12月13日),《邓小平文选》第2卷,北京:人民出版社,1994年10月第2版,第150页。

这次中央工作会议讨论和解决了许多有关党和国家命运的重大问题，提出了把全党工作的重心转到实现四个现代化上来的根本指导方针，为十一届三中全会的成功召开做好了铺垫。

中央工作会议结束三天后，12月18日，党的十一届三中全会召开。在邓小平同志领导下和老一辈革命家支持下，十一届三中全会冲破长期"左"的错误的严重束缚，批评"两个凡是"的错误方针，充分肯定必须完整、准确地掌握毛泽东思想的科学体系，高度评价关于真理标准问题的讨论，果断结束"以阶级斗争为纲"，作出了把党和国家工作中心转移到经济建设上来、实行改革开放的历史性决策。

党的十一届三中全会扭转了粉碎"四人帮"后党和国家工作在徘徊中前进的局面，实现了新中国成立以来党的历史上具有深远意义的伟大转折，标志着我们党重新确立了马克思主义的思想路线、政治路线、组织路线，标志着中国共产党人在新的时代条件下的伟大觉醒，显示了我们党顺应时代潮流和人民愿望、勇敢开辟建设社会主义道路的坚强决心。

以党的十一届三中全会为起点，我国的改革开放揭开序幕，我国进入改革开放和社会主义现代化建设新时期。历史和实践已经并且还将证明，"改革开放是我们党的一次伟大觉醒，正是这个伟大觉醒孕育了我们党从理论到实践的伟大创造。改革开放是中国人民和中华民族发展史上一次伟大革命，正是这个伟大革命推动了中国特色社会主义事业的伟大飞跃！"[1]

（五）新时代中国特色社会主义在斗争中发展

党的十八大以来，我们党以巨大的政治勇气和强烈的责任担当，统筹推进经济建设、政治建设、文化建设、社会建设、生态文明建设"五位一体"

---

[1] 习近平：《在庆祝改革开放四十周年大会上的讲话》（2018年12月18日），《论中国共产党历史》，北京：中央文献出版社，2021年2月第1版，第214—215页。

总体布局，协调推进全面建成小康社会（十九届五中全会后改为"全面建设社会主义现代化国家"）、全面深化改革、全面依法治国、全面从严治党战略布局，提出一系列新理念新思想新战略，出台一系列重大方针政策，推出一系列重大举措，推进一系列重大工作，解决了许多长期想解决而没有解决的难题，办成了许多过去想办而没有办成的大事，推动党和国家事业发生历史性变革，中国特色社会主义由此进入新时代。

面对新时代波谲云诡的国际形势、复杂敏感的周边环境、艰巨繁重的改革发展稳定任务，以习近平同志为核心的党中央发扬斗争精神，以高超的斗争艺术，领导全党、全国各族人民战胜了史所罕见的风险挑战，奋力推进新时代中国特色社会主义事业不断向前发展。

尤其是 2020 年，新冠肺炎疫情突如其来，洪涝自然灾害多地发生，经济发展备受冲击，外部环境风高浪急，来自政治、经济、文化、军事、社会、国际、自然等领域的挑战纷至沓来。以习近平同志为核心的党中央敢于斗争、善于斗争，带领全党全国各族人民迎难而上、攻坚克难，在这极不寻常的年份创造了极不寻常的辉煌。疫情防控取得重大战略成果，在全球主要经济体中唯一实现经济正增长，脱贫攻坚战取得全面胜利，决胜全面建成小康社会取得决定性成就，交出一份人民满意、世界瞩目、可以载入史册的答卷，推动我国改革开放和社会主义现代化建设取得新的重大进展。

二、党必然依靠斗争赢得未来

习近平总书记强调："我们党依靠斗争走到今天，也必然要依靠斗争赢得未来。"[1] 敢于斗争是我们党的鲜明品格，也是党的光荣传统和优良作风。我们党要团结带领全国各族人民赢得未来，也必然离不开斗争。

（一）实现伟大梦想，必须进行伟大斗争

中国特色社会主义进入新时代，我国社会主要矛盾已经转化为人民日益增长的美好生活需要和不平衡不充分的发展之间的矛盾。在这一新的历史起点上实现中华民族伟大复兴的中国梦，绝不是轻轻松松、敲锣打鼓就能实现的，全党全国各族人民必须要付出更为艰巨、更为艰辛的努力。

习近平总书记在党的十九大报告中强调："实现伟大梦想，必须进行伟大斗争。"[2] 今天，我们比历史上任何时期都更接近、更有信心和能力实现中华民族伟大复兴的目标。与此同时，在前进的道路上，我们依然面临着各种可以预见或难以预见的重大挑战、重大风险、重大阻力和重大矛盾。船到中流浪更急、人到半山路更陡。我们要实现伟大梦想，就必须进行具有许多新的历史特点的伟大斗争。

这场伟大斗争的内容十分广泛，表现形式也必然会复杂多变，需要我们始终保持高度政治警觉，不断增强政治判断力、政治领悟力和政治执行力，随时准备进行斗争。任何企图享受、消极懈怠、回避矛盾的思想和行为都将产生极其严重的后果，阻碍党的奋斗目标的顺利实现。

社会是在矛盾运动中前进的，有矛盾就会有斗争。全党必须要强化斗争意识，发扬斗争精神，提高斗争本领，不断夺取伟大斗争新胜利。

---

[1]《习近平在中央党校（国家行政学院）中青年干部培训班开班式上发表重要讲话强调　立志做党光荣传统和优良作风的忠实传人　在新时代新征程中奋勇争先建功立业》，《人民日报》，2021年3月2日，第1版。

[2] 习近平：《决胜全面建成小康社会，夺取新时代中国特色社会主义伟大胜利》（2017年10月18日），《习近平谈治国理政》第3卷，北京：外文出版社，2020年6月第1版，第12页。

第一，要更加自觉地坚持党的领导和我国社会主义制度，增强"四个意识"，坚定"四个自信"，做到"两个维护"，坚决同一切削弱、歪曲、否定党的领导和我们社会主义制度的言行作斗争。

第二，要更加自觉地维护人民利益，始终把人民放在心中最高位置，坚决同一切高高在上，做官当老爷、漠视群众疾苦，损害群众利益、脱离群众的行为作斗争。

第三，要更加自觉地投身改革创新时代潮流中，敢于啃硬骨头，敢于涉险滩，坚决同一切妨碍生产力发展的体制、机制障碍作斗争。

第四，要更加自觉地维护我国主权、安全、发展利益，统筹国内、国际两个大局，坚定不移走和平发展道路，坚决同一切分裂祖国、破坏民族团结和社会和谐稳定的行为做斗争。

第五，要更加自觉地防范各种风险，增强忧患意识、风险意识，打造长期稳定的安全环境，坚决同一切在政治、经济、文化、社会、外交、国防等领域，以及自然界出现的困难和挑战做不妥协的斗争。

（二）面临重大风险考验，必须敢于斗争

全面建成小康社会、实现第一个百年奋斗目标之后，我们要乘势而上开启全面建设社会主义现代化国家新征程、向第二个百年奋斗目标进军。

全面建设社会主义现代化国家新征程并不是一片"坦途"，依然会伴随各种风险考验，有时甚至会遇到难以想象的惊涛骇浪。

对此，以习近平同志为核心的党中央有着清醒认识："开启全面建设社会主义国家新征程，立足新发展阶段、贯彻新发展理念、构建新发展格局，面临的风险和考验一点也不会比过去少。"[1] 并且警示全党："我们

---

[1]《习近平在中央党校（国家行政学院）中青年干部培训班开班式上发表重要讲话强调 立志做党光荣传统和优良作风的忠实传人 在新时代新征程中奋勇争先建功立业》，《人民日报》，2021年3月2日，第1版。

面临的各种斗争不是短期的而是长期的，至少要伴随我们实现第二个百年奋斗目标全过程。"[1]

当今世界正经历百年未有之大变局，我国正处于实现中华民族伟大复兴的关键时期。随着我国社会主要矛盾变化和国际力量对比深刻调整，当前和今后一个时期，是我国发展进入各种风险挑战不断积累甚至集中暴露的时期。经济、政治、文化、社会、生态文明建设、国防和军队建设、港澳台工作、外交工作等方面都面临着各种风险挑战，而且各种矛盾风险挑战源、各类矛盾风险挑战点相互交织、相互作用。

与此同时，我们党自身也面临着重大风险考验。党的十八大以来，我们党以自我革命精神推进全面从严治党，清除了党内存在的严重隐患，成效是显著的，但是面临的形势和问题依然严峻复杂。党面临的执政考验、改革开放考验、市场经济考验、外部环境考验具有长期性和复杂性，党面临的精神懈怠危险、能力不足危险、脱离群众危险、消极腐败危险具有尖锐性和严峻性。

党内外、国内外这些重大风险考验，要求党员、党员干部必须要敢于斗争、善于斗争，全面做强自己，随时准备应对更加复杂困难的局面。在重大风险考验面前，如果党员、党员干部缺乏斗争意识，不敢斗争、不善于斗争，就会使得各种风险挑战传导、叠加、演变、升级，最终危及党的执政地位和国家安全，打断全面建设社会主义现代化国家进程。

因此，面临重大风险考验，党员、党员干部必须要坚定斗争意志，发扬斗争精神，敢于斗争、敢于胜利。只有依靠斗争、坚持斗争，才能赢得未来，迎来中华民族更加美好的前途。

---

[1] 习近平：《发扬斗争精神，增强斗争本领》（2019年9月3日），《习近平谈治国理政》第3卷，北京：外文出版社，2020年6月第1版，第226页。

三、自觉加强斗争历练

斗争精神、斗争本领，并不是与生俱来就有的，也不是一旦拥有就一成不变的。习近平总书记要求党员、党员干部"要自觉加强斗争历练，在斗争中学会斗争，在斗争中成长提高，努力成为敢于斗争、勇于斗争的勇士"[1]。

（一）经受严格的思想淬炼

政治上的坚定、党性上的坚定、斗争上的坚定都离不开理论上的坚定。党员、党员干部要在斗争中成长起来，就必须加强马克思主义理论武装。

新时代党员、党员干部要特别注重学懂弄通做实党的创新理论，系统掌握马克思主义立场观点方法，夯实敢于斗争、善于斗争的思想根基。只有经受严格的思想淬炼，斗争起来才有底气、才有力量。

第一，要坚持深入学习贯彻习近平新时代中国特色社会主义思想。习近平新时代中国特色社会主义思想为发展21世纪马克思主义、当代中国马克思主义作出了历史性贡献，开辟了马克思主义新境界，开辟了中国特色社会主义新境界、开辟了治国理政新境界、开辟了管党治党新境界，具有实践性、时代性、创造性的鲜明品格，是从新时代中国特色社会主义全部实践中产生的理论结晶，是推动新时代党和国家事业不断向前发展的科学指南。

理论创新每前进一步，理论武装就要跟进一步。党员、党员干部要把学习贯彻习近平新时代中国特色社会主义思想作为重大政治任务，全面系统学，及时跟进学，深入思考学，联系实际学，深入领会这一思想的时代

---

[1]《习近平在中央党校（国家行政学院）中青年干部培训班开班式上发表重要讲话强调 立志做党光荣传统和优良作风的忠实传人 在新时代新征程中奋勇争先建功立业》，《人民日报》，2021年3月2日，第1版。

背景、科学体系、精神实质、实践要求和重大政治意义、理论意义、实践意义，用党的创新理论武装头脑，筑牢敢于斗争、善于斗争的思想根基。

第二，要坚持深入学习马克思列宁主义经典著作。学习马克思主义基本理论是共产党人的必修课。党的十八大以来，习近平在许多场合强调学习马克思列宁主义的重要性，强调中国共产党是用马克思列宁主义武装起来的政党，马克思列宁主义是中国共产党人理想信念的灵魂，要求全党同志特别是各级领导干部要更加自觉、更加刻苦地学习马克思列宁主义，始终用科学理论武装头脑、指导实践、推动工作。

在这一方面，毛泽东等老一辈无产阶级革命家为党员、党员干部做出了榜样。1920年，毛泽东27岁，第一次读《共产党宣言》。这一年，他在湖南长沙创建了中国共产党早期组织，第二年前往上海参加了中国共产党第一次全国代表大会。后来，毛泽东回忆这一段经历时说，1920年冬天，"我第二次到北京期间，读了许多关于俄国所发生的事情的文章。我热切地搜寻当时所能找到的极少数共产主义文献的中文本。有三本书特别深刻地铭记在我的心中，使我树立起对马克思主义的信仰。我接受马克思主义、认为它是对历史的正确解释，以后，就一直没有动摇过。"毛泽东所说的三本书，其中之一就是陈望道译的《共产党宣言》，这是用中文出版的第一本马克思主义的书。

毛泽东一生读过多少遍《共产党宣言》？1939年，他对党内同志说："《共产党宣言》，我看了不下一百遍，遇到问题，我就翻阅马克思的《共产党宣言》，有时只阅读一两段，有时全篇都读，每阅读一次，我都有新的启发。我写《新民主主义论》时，《共产党宣言》就翻阅过多次。"

毛泽东不仅自己研读《共产党宣言》，还不遗余力地向全党同志推荐。1945年在党的七大会议上，毛泽东两次向全党推荐五本书，第一本就是《共产党宣言》。他说："我们可以把这五本书装在干粮袋里，打完仗后，就读他一遍或者看他一两句，没有味道就放起来，有味道就多看几句，七看八看就看出味道来了。一年看不通看两年，如果两年看一遍，十年就可以看五遍，每看一遍在后面记上日子，某年某月某日看的。"

毛泽东读《共产党宣言》读了一辈子。1964年8月3日，他还给秘书林克写信，要找新出版的《共产党宣言》大字本读。在晚年，他的书房里、卧室的床上，总放着一本大字线装本的《共产党宣言》和两本战争年代出版的字很小、已很破旧的《共产党宣言》。

新时代，党员、党员干部要自觉把读马克思主义经典、悟马克思主义原理当作一种生活习惯、当作一种精神追求，用经典涵养正气、淬炼思想、指导斗争实践。

第三，要坚持深入学习中共党史特别是党的斗争史。习近平总书记指出："历史是最好的教科书。对我们共产党人来说，中国革命历史是最好的营养剂。多重温我们党领导人民进行革命的伟大历史，心中就会增加很多正能量。"[1]

我们党诞生于国家内忧外患、民族危难之际，一出生就铭刻着斗争的烙印，一路走来在斗争中求得生存、获得发展、赢得胜利。建立井冈山革命根据地、反"围剿"、二万五千里长征、赶跑日本侵略者、打倒国民党反动派、抗美援朝打出国威军威、"一化三改"实现社会变革、推进改革开放伟大革命……中国共产党百年历史，就是伟大斗争的历史。

习近平总书记在党史学习教育动员大会上强调："要抓住建党一百年这个重要节点，从具有许多新的历史特点的伟大斗争出发，总结运用党在不同历史时期成功应对风险挑战的丰富经验，做好较长时间应对外部环境变化的思想准备和工作准备，不断增强斗争意识、丰富斗争经验、提升斗

---

[1] 习近平：《中国革命历史是最好的营养剂》（2013年7月11日、12日），《论中国共产党历史》，北京：中央文献出版社，2021年2月第1版，第24页。

争本领，不断提高治国理政能力和水平。"[1]

这就要求党员、党员干部必须要认真学习党的历史，从党的历史中获得启迪，特别是要从党的斗争经验中提炼出克敌制胜的法宝，不断增强斗争意识、丰富斗争经验、提升斗争本领，以更好应对前进道路上各种可以预见和难以预见的风险挑战。

（二）经受严格的政治历练

政治属性是党的本质属性。党员、党员干部所从事的事业都是党和人民事业的组成部分，必须要善于从政治上进行把握、推动。习近平总书记强调："政治上的主动是最有力的主动，政治上的被动是最危险的被动。"[2]

新时代党员、党员干部在推进党和人民事业的进程中，面临的斗争是多方面的、全方位的。全面从严治党、坚持马克思主义在意识形态领域的指导地位、全面深化改革、全面依法治国、贯彻新发展理念、构建新发展格局、推动高质量发展、应对重大自然灾害、处理群体性事件、打击黑恶势力、维护国家安全，等等，都需要党员、党员干部加强政治历练，增强政治意识，善于从政治上看问题，善于把握政治大局，敢于斗争、善于斗争，从而牢牢把握政治上的主动。

党员、党员干部的斗争是有方向、有立场、有原则的，大方向就是坚持中国共产党领导和我国社会主义制度不动摇。我国《宪法》第一条就规定："社会主义制度是中华人民共和国的根本制度。中国共产党领导是中国特色社会主义最本质的特征。禁止任何组织或者个人破坏社会主义制度。"

党员、党员干部在政治历练中头脑要特别清醒，立场要特别坚定，准

---

[1]《习近平在党史学习教育动员大会上强调　学党史悟思想办实事开新局　以优异成绩迎接建党一百周年》，《人民日报》，2021年2月21日，第1版。
[2]《中共中央政治局召开民主生活会强调　加强政治建设提高政治能力坚守人民情怀　不断提高政治判断力政治领悟力政治执行力》，《人民日报》，2020年12月26日，第1版。

确把握斗争正确方向。凡是危害中国共产党领导和我国社会主义制度的各种风险挑战，凡是危害我国主权、安全、发展利益的各种风险挑战，凡是危害我国核心利益和重大原则的各种风险挑战，凡是危害我国人民根本利益的各种风险挑战，凡是危害我国实现"两个一百年"奋斗目标、实现中华民族伟大复兴的各种风险挑战，只要来了，就必须进行坚决斗争，而且必须取得斗争胜利。这是涉及党和国家根本的大是大非的问题。党员、党员干部面对大是大非问题，态度必须要坚决，行动必须要果断，要敢于亮剑，进行坚决斗争。

（三）经受严格的实践锻炼

毛泽东同志指出："什么叫工作，工作就是斗争。那些地方有困难、有问题，需要我们去解决。我们是为着解决困难去工作、去斗争的。越是困难的地方越是要去，这才是好同志"。[1] 习近平总书记强调："我们共产党人的斗争，从来都是奔着矛盾问题、风险挑战去的。"[2]

"刀在石上磨，人在事上练。"党员、党员干部要主动投身到斗争实践中去，坚持在重大斗争中磨砺，越是困难大、矛盾多的地方，越是形势严峻、情况复杂的时候，越能练胆魄、磨意志、长才干。

1979年，习近平从清华大学毕业后，到国务院办公厅、中央军委办公厅工作。1982年，当一些年轻人开始下海经商或出国留学的时候，他却主动放弃北京中央部委的优越条件，来到河北省正定县任职。

当地一些干部听说这位年仅28岁的青年小伙是来正定担任县委副书记时，有些人不以为然，说什么高干子弟，无非是下来镀镀金、做做样子，

---

[1] 毛泽东：《关于重庆谈判》（1945年10月17日），《毛泽东选集》第4卷，北京：人民出版社，1991年6月第2版，第1161页。
[2] 习近平：《发扬斗争精神，增强斗争本领》（2019年9月3日），《习近平谈治国理政》第3卷，北京：外文出版社，2020年6月第1版，第226页。

用不了半年，吃不下这份苦就会卷铺盖走人；还有人说，来了个嘴上没毛的管我们，言外之意，就是对他不抱什么希望。

然而，习近平自己可不是这么想的。他对正定的同事说，"只想过着舒适的生活，是平庸的追求。我是准备入'苦海'的。"[1]他是这么说的，也是这么做的。

他住在办公室，吃在大食堂，和大家一起排队打饭，一起蹲在树下吃饭聊天，总是骑着自行车往乡下跑，遇到滹沱河的"大沙窝"，推也推不动，骑也骑不动，他就扛着自行车过去。通过密集的下乡调研，习近平在短时间内就比较详细地了解了正定的情况。

习近平首先解决的正定县粮食征购负担过重的问题，因为这是关系到全县人民温饱的大问题。高征购是当时经济发展的一个重要指标，也是"农业学大寨"先进县的一个重要条件，是一个"政治问题"，没人敢提出异议。但是习近平不唯书、不唯上，只唯实，坚持实事求是，发扬敢于负责、敢于斗争的精神，向中央反映了正定高征购使农民负担过重的问题。中央、省委、地委组成联合调查组，对习近平反映的问题进行了调查，一致认为反映情况属实。之后上级决定把每年正定征购指标从7600万斤核减到4800万斤，相当于给正定老百姓省出了2800万斤粮食。

20世纪80年代初，家庭联产承包责任制在全国还没广泛推广开来。经常骑自行车下乡的习近平发现农民生产积极性不高，广泛存在"干不干，八分半"的想法。他从报纸上了解到，安徽和四川正在酝酿"大包干"。如何在正定这个典型的内陆县进行改革开放，如何调动农民的生产积极性，成为他深入思考的问题，他下定决心要从根本上解决。这绝不是一个简单的问题，当时中央没文件，河北没精神，石家庄地委领导没讲话，谁敢"冒

---

[1] 中央党校采访实录编辑室：《习近平在正定》，北京：中共中央党校出版社，2019年3月第1版，第218页。

尖"呢？可是，如果没有人"冒尖"，问题怎么解决呢？改革怎么推进呢？

习近平又一次发扬敢于负责、敢于斗争的精神，决定迈出改革的第一步。他找老书记"说说"，还请县长找其他领导同志"说说"，逐步扭转大家的看法；选里双店公社开展"大包干"试点，第一年就成功了，公社农业产值翻了一番半，社员年人均收入分配翻了一番。就这样，正定开了全省"大包干"的先河，迈出了改革开放的第一步。

在正定，习近平用扎实的工作作风、充沛的斗争精神和过硬的工作业绩打消了人们的疑虑，而且还被认定为"好苗子""信得过的优秀干部""栋梁之材"。[1]

常言道：院子里溜不出千里马，温室里长不出栋梁材。党员、党员干部特别是年轻干部要以习近平为榜样，要主动走出"舒适圈"，深入基层、深入实际、深入群众，在改革发展的主战场、维护稳定的第一线、服务群众的最前沿、乡村振兴的主阵地、风险挑战的最前方磨炼斗争意志、锤炼斗争作风、丰富斗争经验、提高斗争本领。

四、要善斗争、会斗争

斗争是一门艺术。党员、党员干部要取得斗争的胜利，光有斗争精神是不够的，还要有斗争的策略、斗争的方法。只有善斗争、会斗争，才能做到守土有责、守土尽责，召之即来、来之能战、战之必胜。

（一）提升见微知著能力

见微知著，就是要通过细微变化，经过思考分析，预判事物发展的趋

---

[1] 中央党校采访实录编辑室：《习近平在正定》，北京：中共中央党校出版社，2019年3月第1版。

势和规律，并由此作出正确选择。

党员、党员干部要善斗争、会斗争，首先要具备草摇叶响知鹿过、松风一起知虎来、一叶易色而知天下秋的见微知著能力，能够透过现象看本质，准确识变、科学应变、主动求变，对可能出现的风险挑战作出预判，洞察到先机，提前做好斗争准备，做到"趋利避害"。

1945年5月，毛泽东在党的七大上指出："什么叫做领导？领导和预见有什么关系？预见就是预先看到前途趋向。如果没有预见，叫不叫领导？我说不叫领导。"[1] 他还形象地比喻："坐在指挥台上，如果什么也看不见，就不能叫领导。坐在指挥台上，只看见地平线上已经出现的大量的普遍的东西，那是平平常常的，也不能算领导。只有当着还没有出现大量的明显的东西的时候，当桅杆顶刚刚露出的时候，就能看出这是要发展成为大量的普遍的东西，并能掌握住它，这才叫领导。"[2]

毛泽东作出炮击金门的决策，就体现了他善于观察大势、准确预判、抓住时机、科学应变的高超斗争艺术。

1955年万隆会议后，中国共产党逐步确立了争取和平解放台湾的方针，并采取一些措施打破中美大使级会谈中的僵局，但这些努力未能得到美国的积极回应。1955年3月美台"共同防御条约"生效后，美国加强对台军事援助，加紧制造"两个中国"，并纵容蒋介石集团对大陆沿海的骚扰和破坏。在此背景下，党中央和毛泽东调整政策，从争取缓和转为加强对美斗争。1958年夏，中东地区掀起了推翻亲美政权的风暴。党中央和毛泽东抓住时机，决定以炮击金门的方式把台湾问题提出来。

金门炮声一响，美国急忙增兵台湾海峡，一方面扬言要"保护"金门、

---

[1] 毛泽东：《在中国共产党第七次全国代表大会上的结论》（1945年5月31日），《毛泽东文集》第3卷，北京：人民出版社，1996年8月第1版，第394页。
[2] 毛泽东：《在中国共产党第七次全国代表大会上的结论》（1945年5月31日），《毛泽东文集》第3卷，北京：人民出版社，1996年8月第1版，第394—395页。

马祖等有关阵地,并从9月7日起派军舰进入金门海域为国民党军护航;另一方面又要求重开中美大使级会谈。针对美方的举动,中央决定继续对金门实施炮击。美国进退两难,企图从金门、妈祖脱身,换取中国同意对台湾和澎湖不使用武力,实际仍然要搞"两个中国"。为粉碎美国分裂中国图谋,党中央审时度势,决定把金门、妈祖暂留台湾当局手中。这意味着将过去设想的先收复金门、马祖,再解放台湾的"两步走"方针,改变为"一揽子解决"台、澎、金、马问题。毛泽东说:"美国的方针是把金门、妈祖两个岛交给我们,以此作为交换条件,让他继续占领台湾。这生意不好做。我们要留蒋介石在这两个岛上,要不我们就把台湾、澎湖、金门、妈祖等岛全部拿回来。"[1]

10月5日,党中央决定从次日起暂停炮击7天。10月6日和26日,《人民日报》发表由毛泽东起草、以国防部部长彭德怀名义发布的《告台湾同胞书》和《再告台湾同胞书》。

这两份文告向台湾当局和台湾同胞晓以民族大义,指出双方都同意"台、澎、金、马是中国领土""世界上只有一个中国,没有两个中国"。第二份文告还宣布福建前线逢双日不打金门的飞机场、码头、海滩和船只,以利金门诸岛得到充分的供应。从此,台湾海峡的斗争就从以军事形式为主转向以政治和外交为主,海峡形势的"危机"阶段基本结束。

党中央和毛泽东深刻把握国内外局势,抓住有利时机,作出炮轰金门的决定,并围绕炮轰金门,进行了一系列政治、军事和外交斗争,沉重打击了蒋介石集团"反攻大陆"的嚣张气焰和美国搞"两个中国"的企图,表明了中国人民维护国家主权和统一的坚定立场和决心。

---

[1] 毛泽东:《同拉丁美洲一些国家共产党领导人的谈话》(1959年3月3日),《毛泽东文集》第8卷,北京:人民出版社,1999年6月第1版,第17页。

（二）加强战略谋划

习近平总书记强调："战略问题是一个政党、一个国家的根本性问题。战略上判断得准确，战略上谋划得科学，战略上赢得主动，党和人民事业就大有希望。"[1]

不谋全局者，不足谋一域。党员、党员干部要善斗争、会斗争，必须要培育战略思维，加强战略谋划，抓住主要矛盾和矛盾的主要方面，分清轻重缓急，科学排兵布阵，牢牢把握斗争主动权。

习近平总书记就是一位具有战略思维、善于战略谋划的典范。中国特色社会主义进入新时代，习近平总书记深刻洞察国内外发展大势，作出了一系列事关党和国家事业长远发展、事关社会主义前途命运的重大战略决策。

在党的十九大上，他从历史和现实、理论和实践、国内和国际等的结合上进行统筹思考，把我国社会主要矛盾的表述修改为"人民日益增长的美好生活需要和不平衡不充分的发展之间的矛盾"，并且指出"发展不平衡不充分问题已经成为满足人民日益增长的美好生活需要的主要因素"，抓住了社会主要矛盾的主要方面。这为我们党明确阶段性中心任务、制定路线方针政策提供了根本依据。

2020年以来，根据我国发展阶段、环境、条件的变化，他提出加快构建以国内大循环为主体、国内国际双循环相互促进的新发展格局，并且强调"只有立足自身，把国内大循环畅通起来，才能任由国际风云变幻，始终充满朝气生存和发展下去"，体现了对世界局势的深刻洞察和对我国发展全局的战略思考、战略谋划。

---

[1] 习近平：《在纪念邓小平同志诞辰一百一十周年座谈会上的讲话》（2014年8月20日），《论中国共产党历史》，北京：中央文献出版社，2021年2月第1版，第86页。

(三)增强底线思维

"君子以思患而豫防之"。底线思维,就是指立足最低点,从最坏情况出发,调动一切因素,争取最好结果的科学思维。

坚持底线思维,是中国共产党治国理政的重要思维方法和工作方法。

1945年,毛泽东同志在党的七大上作结论报告,在分析国内形势时,告诫全党:"有一个问题要讲清楚,叫做'准备吃亏'。有些同志希望我讲一些困难,又有些同志希望我讲一点光明。我看光明多得很,国内民主运动已经兴起,将来更有希望,苏联援助我们,美国、英国的无产阶级将来也还是要帮助我们的,这些都是光明。但是我们更要准备困难。"[1]

毛泽东在讲话中一口气列举了17条困难:1.外国大骂;2.国内大骂;3.准备被他们占去几大块根据地;4.被他们消灭若干万军队;5.伪军欢迎蒋介石;6.爆发内战;7.出了斯科比,中国变成希腊;8."不承认波兰"(比喻我们得不到承认);9.跑掉、散掉若干万党员;10.党内出现悲观心理、疲劳情绪;11.天灾流行,赤地千里;12.经济困难;13.敌人兵力集中华北;14.国民党实行暗杀阴谋;15.党的领导机关发生意见分歧;16.国际无产阶级长期不援助我们;17.其他意想不到的事。

这些困难,既有党内的,也有党外的;既有国内的,也有国际的;既有政治方面的,也有经济方面的;既有主观方面的,也有客观方面的,基本上把面临的困难和潜在的风险因素都考虑到了。为此,毛泽东同志教育全党:"许多事情是意料不到的,但是一定要想到,尤其是我们的高级负责干部要有这种精神准备,准备对付非常的困难,对付非常的不利情况。"[2]

正是由于毛泽东同志始终坚持底线思维,把困难和风险想在前面,并

---

[1] 毛泽东:《在中国共产党第七次全国代表大会上的结论》(1945年5月31日),《毛泽东文集》第3卷,北京:人民出版社,1996年8月第1版,第387页。

[2] 毛泽东:《在中国共产党第七次全国代表大会上的结论》(1945年5月31日),《毛泽东文集》第3卷,北京:人民出版社,1996年8月第1版,第392页。

且做好了随时斗争的思想准备，才使得我们党在力量极为悬殊的情况下，仅用三年时间就赢得了解放战争的胜利，实现了几代中国人梦寐以求的民族独立和人民解放。

新时代，外部环境的深刻变化和我国改革发展稳定面临的新情况新问题新挑战，要求领导干部必须要坚持底线思维，定期对风险因素进行全面排查。既要高度警惕"黑天鹅"事件，也要防范"灰犀牛"事件；既要有防范风险的先手，也要有应对和化解风险挑战的高招；既要打好防范和抵御风险的有准备之战，也要打好化险为夷、转危为机的战略主动战。

（四）善于总结思考

一个善于总结、善于思考的党，才能勇于开辟未来。领导干部要练就斗争的真本领、真功夫，同样需要善于总结、善于思考。

早在1941年8月，毛泽东在给谢觉哉（时任中共中央西北局副书记、中共陕甘宁边区政府党团书记、陕甘宁边区政府秘书长）的信中就指出："善于总结经验，就是领导者的任务。"[1]

1965年7月，毛泽东在中南海与李宗仁和程思远谈话时，忽然问程思远："你知道我靠什么吃饭吗？"程思远茫然不知所以。毛泽东说道："我是靠总结经验吃饭的。以前我们人民解放军打每个战役后总要总结一次经验，发扬优点，克服缺点，然后轻装上阵，乘胜前进，从胜利走向胜利，终于建立了中华人民共和国。"

习近平同志对于如何总结经验教训有过深刻的论述，他指出："好多事情通过认真总结会有豁然开朗的感觉。我们常说'吃一堑，长一智'，'一智'是怎么长的？通过总结，认识到'一堑'为何，从中吸取了教训、引

---

[1] 毛泽东：《关于总结财经工作经验给谢觉哉的信》（1941年8月22日），《毛泽东文集》第2卷，北京：人民出版社，1993年12月第1版，第369页。

为鉴戒，这样才会长'一智'。由'堑'到'智'的转化，是通过总结实现的，总结是这种转化的认识之桥，没有这座桥，'堑'就无法转化为'智'。工作中的经验是财富，工作中的教训也是财富，关键在于是否善于总结。"[1]

这一论述指出了总结的重要性，也指明了总结的内容，那就是既要总结经验，也要吸取教训。领导干部特别是年轻干部一定要善于总结、善于思考，通过总结经验教训，由此及彼、举一反三，实现由"堑"到"智"的转化，在总结经验中提升，在吸取教训中成长，从而不断增强斗争本领，提升斗争水平。

---

[1]《习近平：在中央党校2012年秋季学期开学典礼上的讲话》，中共中央党校（国家行政学院）网站，2012年9月1日。

第八章

接过艰苦奋斗的接力棒

艰苦奋斗是中国共产党的光荣传统和优良作风，是中国共产党人的政治本色，是我们立党立国的根基，也是党员、党员干部立身立业的根基。

新时代，党员、党员干部特别是年轻干部要接过艰苦奋斗的接力棒，在建设社会主义现代化国家新征程中奋力开拓、奋勇前进。

一、党的历史就是艰苦奋斗的历史

我们党成立以来，团结带领全国各族人民进行了持续不断的艰苦奋斗，从胜利走向胜利，创造了一个又一个人间奇迹。

（一）我们党在艰苦奋斗中发展壮大

中国共产党是靠艰苦奋斗起家的，也是靠艰苦奋斗不断发展壮大起来的。经过长期艰苦卓绝的斗争，取得了新民主主义革命的胜利，建立了中华人民共和国。

回顾我们党百年历史，艰苦奋斗精神始于井冈山革命根据地时期。1927年10月，毛泽东率领湘赣边秋收起义部队到达井冈山，开始了井冈山革命根据地的创建。当时井冈山条件十分艰苦，再加上国民党军队反复进攻和严密封锁，军民面临的处境极为困难。

由于封锁，根据地出产的木材、茶叶、茶油等土特产品运不出去，换不来收入。同时，许多生活必需品如食盐、布匹、药品等不能从白区输入，基本生活品十分缺乏。毛泽东在《中国的红色政权为什么能够存在？》《井冈山的斗争》等著作中对当时的艰难情况有着详细的描述。

比如，在《中国的红色政权为什么能够存在？》中，他写道："在白色势力的四面包围中，军民日用必需品和现金的缺乏，成了极大的问题"，

"食盐、布匹、药材等日用必需品,无时不在十分缺乏和十分昂贵之中"。[1]

在《井冈山的斗争》中,他写道:"现在全军五千人的冬衣,有了棉花,还缺少布。这样冷了,许多士兵还是穿两层单衣。""作战一次,就有一批伤兵。由于营养不足、受冻和其他原因,官兵病的很多。医院设在山上,用中西两法治疗,医生药品均缺。"[2]

中国共产党人和红军战士没有被艰苦的生活和极度的困难所吓倒。为了解决食盐的困难,井冈山军民就把老墙土刮下来泡在水里,熬成又苦又涩的硝盐食用。红军医院缺少医疗用具和药品,医务人员就自制竹刀、竹镊子等代替,同时依靠群众的力量,自己动手,上山挖来金银花、紫金牛等草药。为了解决边界军民的现金困难,开办了造币厂,铸造"工"字银元。为了安定群众生活,根据地军民白手起家,先后创办起修械厂、军械厂、红军棉被厂、红军印刷厂等。

毛泽东、朱德等红军领导人也与官兵同甘苦、共患难,"从军长到伙夫,除粮食外一律吃五分钱的伙食。发零用钱,两角即一律两角,四角即一律四角"[3]。为储备粮食,毛泽东、朱德带领红军将士亲自从井冈山下挑粮上山。小学语文教材中的课文《朱德的扁担》,讲的就是这个时期的故事。朱德穿着草鞋,戴着斗笠,挑起满满的一担粮食,跟大家一块儿爬山。大家劝他不要去挑,他不肯。有个同志就把他那根扁担藏了起来。不料,朱德同志连夜又赶做了一根扁担,并写上了"朱德记"三个字。当时流行在军中的一首歌曲,唱出了井冈山的精神和作风:"红米饭呦南瓜汤呦嘿呦

---

[1] 毛泽东:《中国的红色政权为什么能够存在?》(1928年10月5日)《毛泽东选集》第1卷,北京:人民出版社,1991年6月第2版,第53页。

[2] 毛泽东:《井冈山的斗争》(1928年11月25日),《毛泽东选集》第1卷,北京:人民出版社,1991年6月第2版,第65页。

[3] 毛泽东:《井冈山的斗争》(1928年11月25日),《毛泽东选集》第1卷,北京:人民出版社,1991年6月第2版,第65页。

嘿，金丝被儿盖身上呦嘿呦嘿。毛委员和我们在一起，在一起，餐餐味道香，味道香。"

在井冈山艰苦的斗争中，老一辈无产阶级革命家和无数英烈用鲜血和生命培育了以坚定信念、艰苦奋斗、实事求是、敢闯新路、依靠群众、勇于胜利为主要内容的井冈山精神。

正是在这种精神的支撑下，我们党领导人民不畏强敌、不畏艰难，开辟了第一个农村革命根据地，取得了多次反"进剿"、反"会剿"的胜利，实现了"边界红旗始终不倒"；并且由此开辟了一条农村包围城市、武装夺取政权的道路，为中国革命指明了胜利的方向。

1937年1月，中共中央进驻延安。延安地处黄土高原，本就地瘠民贫，自然灾害频发，再加上日寇入侵、国民政府封锁，陕甘宁边区和延安面临着极为困难的财政经济形势。延安当地的老百姓过着"端上饭碗照影影，睡在炕上望星星，身穿羊皮垒补丁"的艰苦生活。

面对严重困难，怎么办？1939年2月，毛泽东在延安召开的生产动员大会上指出："我们是饿死呢？解散呢？还是自己动手呢？饿死是没有一个人赞成的，解散也是没有一个人赞成的。"为此，他号召陕甘宁边区军民"自己动手，生产自给"。

1941年3月，王震率领三五九旅官兵高唱"一把镢头一支枪，生产自给保卫党中央"的战歌，率先开进了荒无人烟的南泥湾。在极端困难的条件下，从旅长到工勤人员、随军家属，全部投入大生产运动，几年的辛勤汗水，终于让荒无人烟的南泥湾改天换地，变成了"粮食堆满仓，稻谷翻金浪，猪肥牛羊壮，鱼鸭满池塘"的"陕北好江南"。

中央领导同志也带头参加大生产运动。毛泽东在自己住的窑洞下面开垦了一块地，种上了蔬菜，亲自播种、栽植、施肥、除草，不仅解决了自己日常食用的需要，还能常常拿出菜来招待客人。1943年，中央直属机关和中央警卫团举行纺线比赛，周恩来、任弼时、李富春等领导同志都争先参加，任弼时夺得纺线第一名，周恩来被评为纺线能手。

在极其艰苦的环境下，中国共产党带领军民培育形成了以坚定正确的政治方向，解放思想、实事求是的思想路线，全心全意为人民服务的根本宗旨和自力更生、艰苦奋斗的创业精神为主要内容的延安精神，推动中国革命事业从低潮走向高潮、实现历史性转折。

1948年5月，毛泽东率领中央前委和中国人民解放军总部进驻河北平山县西柏坡，这里成为中共中央最后一个农村指挥所。中共中央在西柏坡召开了全国土地会议，推动了解放区的土地改革运动；组织指挥了震惊中外的辽沈、淮海、平津三大战役，夺取了解放战争的决定性胜利。

1949年3月，中共中央在西柏坡召开七届二中全会。面对即将取得的全国胜利，党应当保持怎样的一种精神状态？为此，毛泽东在会上告诫全党："中国的革命是伟大的，但革命以后的路程更长，工作更伟大，更艰苦。"他提出并郑重要求全党同志要做到"两个务必"："务必使同志们继续地保持谦虚、谨慎、不骄、不躁的作风，务必使同志们继续地保持艰苦奋斗的作风。"

七届二中全会为夺全国胜利和建设新中国，在政治上、思想上和理论上做了充分的准备，也培育形成了以"两个务必"为核心的西柏坡精神。1949年3月，中共中央和中国人民解放军总部离开西柏坡迁往北平。同年10月1日，中华人民共和国成立。

"其作始也简，其将毕也必巨。"1921年中国共产党成立时，只有50多名党员，是一个手无寸铁、脚无寸土的小党。到1949年新中国成立时，党员已经发展到448.8万名，并且夺取了全国政权，成为全世界人口最多国家的执政党。2021年中国共产党成立100周年时，党员已经突破9000万名，不仅成为世界上最大的政党，而且成为具有全球影响的政党。

一路走来，一路艰辛。我们党靠的不是什么"救世主"，也不是什么"神仙皇帝"，而是紧紧依靠人民，通过艰苦奋斗不断发展壮大。

（二）新中国在艰苦奋斗中走向富强

1949 年新中国成立时，国民党政府留下来的是一个烂摊子：国民经济严重衰退，工厂倒闭，农业减产，物价飞涨、社会动荡。有学者统计，1913 年至 1950 年期间，世界 GDP 年均增长率为 1.82%，而中国为 –0.02%。[1] 也就是说中国共产党执政中国，是从负数起步的！

当时全国经济基础极为薄弱，国内生产总值仅为 679 亿元（1952 年数据），财政收入仅为 62 亿元（1950 年数据）。工业主要为手工作坊，且以劳动密集型为主。全国的钢产量不足 16 万吨，平均下来还不够给每个家庭打一把菜刀。开国大典当天派出仅有的 17 架飞机参与阅兵，没有一架"中国造"。据有关研究，1949 年中国部分主要工业产品产量与印度相比：发电量，印度是中国的 1.14 倍；钢，印度是中国的 8.67 倍；原油，印度是中国的 2.08 倍。[2]

对此，毛泽东曾概括说，"现在我们能造什么？能造桌子椅子，能造茶碗茶壶，能种粮食，还能磨成面粉，还能造纸，但是，一辆汽车、一架飞机、一辆坦克、一辆拖拉机都不能造。"[3]

与此同时，国际上以美国为首的西方国家对新中国采取了不承认和封锁禁运政策，1950 年朝鲜战争爆发后更是把战火烧到了鸭绿江边。

就是在这样异常艰难的情况下，中国共产党带领各族人民发扬艰苦奋斗精神，对中国现代化建设进行了艰辛探索。

工业建设领域，几代大庆人艰苦创业、接力奋斗，在荒原上建成我国最大的石油生产基地，铸就了以"爱国、创业、求实、奉献"为主要内涵

---

[1] 赵承、张旭东等：《人间正道是沧桑——献给中华人民共和国 70 周年华诞》，新华网，2019 年 9 月 29 日。
[2] 巨力：《从三个历史节点看中国经济发展奇迹》，《求是》，2019 年第 20 期。
[3] 毛泽东：《关于中华人民共和国宪法草案》(1954 年 6 月 14 日)，《毛泽东文集》第 6 卷，北京：人民出版社，1999 年 6 月第 1 版，第 329 页。

的大庆精神和铁人精神。

农业生产领域，河南林县人民以"重新安排河山"的英雄气概，在上无寸物可攀、下无立足之地的半山绝壁上，腰系绳索，抡锤打钎，奋战10年凿出红旗渠，打磨出以"艰苦奋斗、自力更生、团结协作、无私奉献"为主要内容的红旗渠精神。

国防和科技领域，在物质技术基础十分薄弱的条件下，在较短的时间内成功地研制出原子弹、氢弹和人造地球卫星，培育形成了以"热爱祖国、无私奉献，自力更生、艰苦奋斗，大力协同、勇于登攀"为核心内容的"两弹一星"精神。

交通建设领域，11万人的筑路大军在极为艰苦的条件下奋勇拼搏，建成了总长4360公里的川藏、青藏公路，结束了西藏没有现代公路的历史，在"人类生命禁区"的"世界屋脊"创造了公路建设史上的奇迹，铸造了"一不怕苦、二不怕死，顽强拼搏、甘当路石，军民一家、民族团结"的"两路"精神。

正是依靠艰苦奋斗，从1949年到1978年，我们党领导人民在旧中国一穷二白的基础上建立起独立的比较完整的工业体系和国民经济体系，有效维护了国家主权和安全，我国社会主义建设事业迈出了坚实步伐。

进入改革开放和社会主义现代化建设新时期、中国特色社会主义新时代时期，党领导人民继续发扬艰苦奋斗精神，经济实现了快速发展。

1979—2012年，我国经济年平均增长率达到9.9%，比同期世界经济平均增长率快7.0个百分点，也高于世界各主要经济体同期平均水平。2013—2018年，我国经济持续较快增长，年均增长率为7.0%，明显高于世界同期2.9%的平均增长率。1961—1978年，中国对世界经济增长的年均贡献率为1.1%。1979—2012年，中国对世界经济增长的年均贡献率为15.9%，仅次于美国，居世界第2位。2013—2018年，中国对世界经济增长的年均贡献率为28.1%，居世界第1位。[1]1986年经济总量突破1万亿元，2000年突破10万亿元大关，超过意大利成为世界第六大经济体，2010年超过日本并连年稳居世界第二。进入新时代，我国综合国力持续提升。从2016年到2018年，我国经济总量连续跨越70万亿元、80万亿元和90万亿元大关。2020年在新冠肺炎疫情冲击下，经济总量依然突破100万亿元，达到101.6万亿元，比上年增长2.3%，是全球唯一实现经济正增长的主要经济体，占世界经济的比重预计超过17%，成为推动全球经济复苏的主要力量。[2]

从一穷二白到成为世界第二大经济体、制造业第一大国、货物贸易第一大国、商品消费第二大国、外资流入第二大国，外汇储备连续多年位居世界第一，用几十年时间走完发达国家几百年走过的工业化历程，新中国在艰苦奋斗中不断走向繁荣富强。

（三）老百姓在艰苦奋斗中实现小康

近代以来，中国老百姓遭受了巨大苦难，多数老百姓处于食不果腹、衣不蔽体、体质羸弱的极端贫困状态。外国人甚至讥讽中国人为"东亚病夫"。

新中国成立之初，我国人均社会商品零售额只有25.94元，人均粮食产量只有208.9公斤，人均布匹只有3.49米，人均棉花只有0.82公斤，人均预期寿命只有35岁。[3]吃不饱、穿不暖是那时老百姓生活的常态。1950年，在列入统计的世界141个国家中，只有10个国家的人均GDP低于中国。

---

[1]《国际地位显著提高，国际影响力持续增强——新中国成立70周年经济社会发展成就系列报告之二十三》，中国政府网，2019年8月30日。
[2]《GDP破百万亿、人均可支配收入达32189元，2020年我国发展目标任务全面完成》，中国经济网，2021年3月1日。
[3] 巨力：《从三个历史节点看中国经济发展奇迹》，《求是》，2019年第20期。

经过 70 多年的艰苦奋斗,到 2020 年,我国人均国内生产总值连续两年超过 1 万美元,按照相关指标来看,目前已进入中等收入偏高的国家行列。根据国家统计局官网消息,1949 年我国居民人均可支配收入仅为 49.7 元,2018 年居民人均可支配收入达到 28228 元,名义增长 566.6 倍,扣除物价因素实际增长 59.2 倍,年均实际增长 6.1%。1956 年我国居民人均消费支出仅为 88.2 元,2018 年居民人均消费支出达到 19853 元,名义增长 224.1 倍,扣除物价因素实际增长 28.5 倍,年均实际增长 5.6%。[1] 而到 2020 年,全国居民人均可支配收入已经达到 32189 元,人均消费支出达到 21210 元。[2] 粮食产量连续 6 年保持在 1.3 万亿斤以上,人均粮食占有量达到 474 公斤,是新中国成立之初的 2.27 倍。粮票、布票、肉票、鱼票、油票、豆腐票、副食本、工业券等百姓生活曾经离不开的票证已经进入了历史博物馆,忍饥挨饿、缺吃少穿、生活困顿这些几千年来困扰我国人民的问题总体上一去不复返。

进入新时代,以习近平同志为核心的党中央把脱贫攻坚摆在治国理政的突出位置,把脱贫攻坚作为全面建成小康社会的底线任务,组织开展了声势浩大的脱贫攻坚人民战争。经过 8 年的艰辛努力,脱贫攻坚战取得全面胜利,完成了消除绝对贫困的艰巨任务,为实现全面建成小康社会目标任务作出了关键性贡献,标志着我们党在团结带领人民创造美好生活、实现共同富裕的道路上迈出了坚实的一大步。

老百姓从温饱不足到全面小康,靠的是什么?答案依然是艰苦奋斗。正如习近平总书记在全国脱贫攻坚总结表彰大会上的讲话指出的那样,"脱贫攻坚取得举世瞩目的成就,靠的是党的坚强领导,靠的是中华民族自力

---

[1]《人民生活实现历史性跨越,阔步迈向全面小康——新中国成立 70 周年经济社会发展成就系列报告之十四》,中国政府网,2019 年 8 月 9 日。
[2] 数据来源:《中华人民共和国 2020 年国民经济和社会发展统计公报》,国家统计局网站,2021 年 2 月 28 日。

更生、艰苦奋斗的精神品质，靠的是新中国成立以来特别是改革开放以来积累的坚实物质基础，靠的是一任接着一任干的坚守执着，靠的是全党全国各族人民的团结奋斗。"[1]

二、在新征程中留下许党报国的奋斗足迹

许党报国是共产党人践行党的初心使命的根本要求。习近平总书记强调："人民把权力交给我们，我们就必须以身许党许国、报党报国。"[2] 新时代党员、党员干部必须把人民对美好生活的向往作为奋斗目标，以永不懈怠的精神状态和一往无前的奋斗姿态，在实现中华民族伟大复兴的新征程中留下许党报国的奋斗足迹。

（一）艰苦奋斗精神永不过时

1938年4月，毛泽东同志参加陕北公学第二期开学典礼时说："今天陕公开学，我应当送点礼物。但是，我没有多少东西，只能送你们两件礼物。第一件，是坚定不移的政治方向；第二件，是艰苦奋斗的工作作风。"

2021年3月1日，习近平总书记在春季学期中央党校（国家行政学院）中青年干部培训班开班式上发表讲话时说："年轻干部要接过艰苦奋斗的接力棒，以一往无前的奋斗姿态和永不懈怠的精神状态，勇挑重担、苦干

---

[1] 习近平：《在全国脱贫攻坚总结表彰大会上的讲话》（2021年2月25日），《人民日报》，2021年2月26日，第2版。
[2] 习近平：《在第十八届中央纪律检查委员会第五次全体会议上的讲话》（2015年1月13日），《习近平关于全面从严治党论述摘编》，北京：中央文献出版社，2016年12月第1版，第185页。

实干，在新时代新征程中留下许党报国的奋斗足迹。"[1]

从 1938 年到 2021 年，从新民主主义革命时期到中国特色社会主义新时代，从山河破碎、烽火连天、民不聊生的革命战争年代到国家富强、社会稳定、人民小康的全面建设社会主义现代化国家新征程，时代、环境、条件发生了巨大变化，随之而来的是党、国家和人民面貌都发生了翻天覆地的变化。但是不管是在延安陕北公学开学典礼上，还是在北京中央党校培训班开班式上，党的领袖毛泽东、习近平对党员、党员干部的要求却是一致的，那就是要坚持并传承"艰苦奋斗精神"。

不管我们发展到什么阶段、面临什么样的条件，艰苦奋斗精神永不过时。新中国刚成立不到 1 个月，毛泽东就告诫全党："全国一切革命工作人员永远保持过去十余年间在延安和陕甘宁边区的工作人员中所具有的艰苦奋斗的作风。"[2] 在社会主义改造即将完成之时，他在中共八届二次全会上的讲话进一步强调："艰苦奋斗是我们的政治本色。"他用"吃酸菜"和"不吃苹果"两个典型事例阐述了坚持艰苦奋斗精神的重要性，有针对性地指出："锦州那个地方出苹果，辽西战役的时候，正是秋天，老百姓家里很多苹果，我们战士一个都不去拿。我看到了那个消息很感动。在这个问题上，战士们自觉地认为：不吃是很高尚的，而吃了是很卑鄙的，因为这是人民的苹果。我们的纪律就建筑在这个自觉性上边。这是我们党的领导和教育的结果。人是要有一点精神的，无产阶级的革命精神就是由这里头出来的。"[3]

---

[1]《习近平在中央党校（国家行政学院）中青年干部培训班开班式上发表重要讲话强调 立志做党光荣传统和优良作风的忠实传人 在新时代新征程中奋勇争先建功立业》，《人民日报》，2021 年 3 月 2 日，第 1 版。
[2] 毛泽东：《永远保持艰苦奋斗的作风》（1949 年 10 月 26 日），《毛泽东文集》第 6 卷，北京：人民出版社，1999 年 6 月第 1 版，第 17 页。
[3] 毛泽东：《艰苦奋斗是我们的政治本色》（1956 年 11 月 15 日），《毛泽东文集》第 7 卷，北京：人民出版社，1999 年 6 月第 1 版，第 162 页。

革命战争年代需要艰苦奋斗，建设新中国需要艰苦奋斗，搞改革开放、实现四个现代化同样需要艰苦奋斗。1980年1月，邓小平在中共中央召集的干部会议上的讲话，提出了实现四个现代化所必须解决的四个问题，或者说必须具备的四个前提，其中之一就是"要有一股艰苦奋斗的创业精神"。他指出，"中国搞四个现代化，要老老实实地艰苦创业。我们穷，底子薄，教育、科学、文化都落后，这就决定了我们还要有一个艰苦奋斗的过程。"[1]并要求"我们的党员、干部，特别是高级干部，一定要努力恢复延安的光荣传统，努力学习周恩来等同志的榜样，在艰苦创业方面起模范作用。"[2]

中国特色社会主义进入新时代，我们已经是世界第二大经济体，全面建成小康社会取得伟大历史性成就，脱贫攻坚战取得全面胜利，艰苦奋斗精神有没有过时？党的十九大闭幕第2天，习近平总书记在十九届一中全会上的讲话就给出了明确答案。

他对中央委员会全体同志提出了3个"一定"："一定要忠于党、忠于祖国、忠于人民，一定要心怀忧患、勇于担当、甘于奉献，一定要谦虚谨慎、不骄不躁、艰苦奋斗，全身心投入党和人民事业。"[3]这既是对中央委员的要求，也是对全党同志的要求。

面向全面建设社会主义现代化国家新征程，只有永远保持艰苦奋斗精神，我们的党才会永远不变质，红色江山才会永远不变色，党和人民的事业才会永远兴旺发达。

---

[1] 邓小平：《目前的形势和任务》（1980年1月16日），《邓小平文选》第2卷，北京：人民出版社，1994年10月第2版，第257页。

[2] 邓小平：《目前的形势和任务》（1980年1月16日），《邓小平文选》第2卷，北京：人民出版社，1994年10月第2版，第260页。

[3]《习近平在党的十九届一中全会上的讲话》（2017年10月25日），新华网，2017年12月31日。

（二）到人民最需要的地方去

"为政之道，以顺民心为本，以厚民生为本"。人民立场是我们党的根本政治立场，全心全意为人民服务是我们党的根本宗旨。

2020年2月，习近平总书记回信勉励在首钢医院实习的西藏大学医学院学生："毕业后到人民最需要的地方去，以仁心仁术造福人民特别是基层群众。"[1]

2020年3月，习近平总书记在给北京大学援鄂医疗队全体"90后"党员的回信中，再次勉励广大青年："努力在为人民服务中茁壮成长、在艰苦奋斗中砥砺意志品质、在实践中增长工作本领，继续在救死扶伤的岗位上拼搏奋战，带动广大青年不惧风雨、勇挑重担，让青春在党和人民最需要的地方绽放绚丽之花。"[2]

习近平总书记一个月之内的两封回信，为党员、党员干部特别是年轻干部如何做到许党报国指明了方向，那就是要牢记全心全意为人民服务的宗旨，始终把人民放在最高位置，到人民最需要的地方去，想民之所想、急民之所急、忧民之所忧，努力解决人民群众的切身利益问题，不断增强人民群众获得感、幸福感、安全感。

时代楷模黄文秀就是这样一位许党报国的典范。2016年，毕业于北京师范大学的黄文秀本有很多选择，留京或出国都不是问题。但是身为共产党员的她，却有着自己的志向，那就是到人民最需要的地方去，到脱贫攻坚一线去帮助更多困难群众。

她考取了选调生，回到家乡广西百色革命老区，主动请缨到百色最偏远的贫困村——乐业县新化镇百坭村担任第一书记。她时刻牢记党的嘱托，

---

[1]《到人民最需要的地方去，以仁心仁术造福人民特别是基层群众》，《人民日报》，2020年2月24日，第1版。

[2]《让青春在党和人民最需要的地方绽放绚丽之花》，《人民日报》，2020年3月17日，第1版。

赓续传承红色传统，立下脱贫攻坚任务"不获全胜、决不收兵"的铿锵誓言。她自觉践行党的宗旨，始终把群众的安危冷暖装在心间，为村民脱贫致富倾注了全部心血和汗水。不到一年时间，百坭村通了路、装了灯、打开了农产品销售渠道，产业也旺起来，全村种植的杉木、砂糖橘、八角、枇杷等作物面积大幅增加，柑橘产量从2017年的5万多斤增加到了2018年的50多万斤，2018年百坭村103户贫困户顺利脱贫88户418人，贫困发生率从她上任时的22.88%降至2.71%。[1]

2019年6月17日凌晨，黄文秀同志在突发山洪中不幸遇难，献出了年仅30岁的宝贵生命。黄文秀同志被追授"全国三八红旗手""全国脱贫攻坚模范"等称号。

2019年7月，习近平总书记对黄文秀同志先进事迹作出重要指示，强调"黄文秀同志研究生毕业后，放弃大城市的工作机会，毅然回到家乡，在脱贫攻坚第一线倾情投入、奉献自我，用美好青春诠释了共产党人的初心使命，谱写了新时代的青春之歌"，要求"广大党员干部和青年同志要以黄文秀同志为榜样，不忘初心、牢记使命，勇于担当、甘于奉献，在新时代的长征路上做出新的更大贡献。"[2]

（三）危难关键时刻冲得上去

"疾风知劲草，板荡识诚臣。"中国共产党是中国工人阶级的先锋队，同时是中国人民和中华民族的先锋队。《中国共产党章程》第二条规定：中国共产党党员是中国工人阶级的有共产主义觉悟的先锋战士。

党的"先锋队"性质体现在哪？就是体现在关键时刻、危难关头。习近平总书记强调："关键时刻冲得上去、危难关头豁得出来，才是真正的

---

[1] 周异决：《难忘黄文秀》，中国共产党新闻网，2020年1月9日。
[2] 《习近平对黄文秀同志先进事迹作出重要指示》，中国政府网，2019年7月1日。

共产党人。"[1]

毛泽东在《为人民服务》里提到的张思德就是这样一位关键时刻冲得上去、危难关头豁得出来的模范人物。

张思德于 1915 年出生于四川省大巴山深处一个贫苦农民家庭。1933 年，18 岁的张思德参加红军，1935 年随红四方面军长征，三度经过人迹罕至的雪山、草地。1937 年，张思德加入中国共产党。

1944 年 8 月，张思德响应中共中央大生产运动的号召，主动报名参加中央机关组织的生产小分队，到离延安 70 多里的安塞县生产农场，被选为农场副队长。同年 7 月，进安塞县山中烧木炭。他处处起模范带头作用，不怕苦、不怕累，哪里最苦最累，他就出现在哪里，每到出炭时总是最先钻进窑中作业。9 月 5 日，天下着雨，张思德带着突击队的战友们照常进山赶挖新窑。中午时分，炭窑在雨中发生崩塌。危急时刻，张思德一把将战友白满仓推出窑口，自己却被埋在坍塌的土里，战友得救了，张思德却献出了年仅 29 岁的生命。

9 月 8 日，中央直属机关和中央警卫团 1000 多人，在延安凤凰山下枣园沟口的操场上举行张思德追悼会。毛泽东亲自参加追悼会，献了花圈，亲笔题写"向为人民利益而牺牲的张思德同志致敬"的挽词，并发表悼念讲话，对张思德全心全意为人民服务的革命精神和崇高境界给予了高度赞扬。

进入新时代，党中央提出了"信念坚定、为民服务、勤政务实、敢于担当、清正廉洁"的好干部标准。对于敢于担当的衡量标准，重要的一条就是"关键时刻冲得上去、危难关头豁得出来"。

2018 年 8 月，超强台风"温比亚"袭击大连，导致停靠在中船重工第

---

[1] 习近平：《在统筹推进新冠肺炎疫情防控和经济社会发展工作部署会议上的讲话》(2020 年 2 月 23 日)，《人民日报》，2020 年 2 月 24 日，第 2 版。

七六〇研究所的国家某重点试验平台4个缆柱严重变形甚至断裂,缆绳脱落。这一提升我国船舶多项核心关键技术水平的重要试验平台一旦失控、损毁,将造成重大损失,平台上4名保障人员的生命安全也将受到严重威胁。

在这危急关头,黄群、宋月才、姜开斌等12名同志组成抢险队,冲向300米外的试验平台。他们一次次被巨浪拍倒,又一次次爬起来。艰难到达试验平台停泊点后,他们立即投入抢险,争分夺秒、分工协作,对平台进行加固作业。台风裹挟着巨浪袭来,黄群、姜开斌被卷入海中。接踵而至的巨浪,将施救的几位同志卷入海中。为了避免更大的牺牲,有多年航海经验的宋月才决定让其他同志暂时撤离请求支援,自己断后。在撤离的过程中,宋月才因体力不支,被巨浪卷入海中。各方全力施救,其他人员被救起,黄群、宋月才、姜开斌却英勇牺牲。

习近平总书记对黄群等3名同志壮烈牺牲作出重要指示指出,黄群、宋月才、姜开斌三位同志面对台风和巨浪,挺身而出、英勇无惧,为保护国家重点试验平台壮烈牺牲,用实际行动诠释了共产党员对党忠诚、恪尽职守、不怕牺牲的优秀品格,用宝贵生命践行了共产党员"随时准备为党和人民牺牲一切"的初心和誓言,他们是共产党员的优秀代表、时代楷模。习近平总书记强调:"广大党员干部要以黄群、宋月才、姜开斌同志为榜样,坚定理想信念,不忘初心、牢记使命,履职尽责、许党报国,为实现'两个一百年'奋斗目标、实现中华民族伟大复兴的中国梦贡献智慧和力量。"[1]

不管是革命战争年代的张思德还是新时代的黄群等英雄模范人物,他们都用"关键时刻冲得上去、危难关头豁得出来"的实际表现,践行了党的性质宗旨。党员、党员干部特别是年轻干部要以他们为榜样,危难关键

---

[1]《习近平对中船重工第七六〇所黄群等3名同志壮烈牺牲作出重要指示》,中国政府网,2018年8月26日。

时刻敢于冲得上去、豁得出来，在新征程中留下许党报国的奋斗足迹。

三、坚持节俭朴素，力戒享乐奢靡

节俭朴素自古以来就是中华民族的传统美德，也是中国共产党人的精神品格。新时代党员、党员干部要发扬艰苦奋斗精神，离不开节俭朴素、力戒奢靡这个传家宝。

（一）坚持以俭养身、以俭兴业

古人云：俭，德之共也；侈，恶之大也。这句话意思就是说，节俭是有德之人共同的品质，奢侈是一切恶行中最大的恶。党员、党员干部要把节俭作为养身、兴业的基本素养，在工作、学习、生活中持之以恒坚持下去。

第一，要坚持以俭养身。古人把节俭作为修身立志的重要方式之一。早在2500年前，儒家学派创始人孔子就曾说："士志于道，而耻恶衣恶食者，未足与议也。"意思是说，一个人立志追求真理，却又以穿粗布吃淡饭为耻辱，这种人是不值得与他谈论真理的。三国时期，著名政治家诸葛亮在《诫子书》中写道："夫君子之行，静以修身，俭以养德。非淡泊无以明志，非宁静无以致远。"

中国共产党人继承了古人节俭立身的优良传统，并将其融入到自身的信仰之中。在我们党的历史上，方志敏同志是一位伟大的无产阶级革命家、军事家、杰出的农民运动领袖，土地革命战争时期赣东北和闽浙赣革命根据地的创建人。

1934年11月初，方志敏率红军北上抗日，在皖南遭国民党重兵围追堵截，虽经艰苦奋战，但终因寡不敌众，于1935年1月被捕。被捕后的方志敏曾回忆起这样一件事情：有两个国民党士兵在树林中发现了方志敏，他们满怀希望地想在方志敏身上发一笔横财，但是从袄领捏到袜底，除了一只手表和一支自来水笔之外，一个铜板都没有搜出。

两个士兵终于知道，共产党的"大官"不同于国民党的大官。至于为什么不同，这两个士兵可能不知道，或者压根就没有想过这个问题。

方志敏在《清贫》里给出了答案，他写道："我从事革命斗争，已经十余年了。在这长期的奋斗中，我一向是过着朴素的生活，从没有奢侈过。经手的款项，总在数百万元；但为革命而筹集的金钱，是一点一滴的用之于革命事业……而矜持不苟，舍己为公，却是每个共产党员具备的美德……清贫，洁白朴素的生活，正是我们革命者能够战胜许多困难的地方！"

习近平曾经深情回忆："我多次读方志敏烈士在狱中写下的《清贫》。那里面表达了老一辈共产党人的爱和憎，回答了什么是真正的穷和富，什么是人生最大的快乐，什么是革命者的伟大信仰，人到底怎样活着才有价值，每次读都受到启示、受到教育、受到鼓舞。"[1]

新时代共产党人当以方志敏等革命先烈为榜样，坚守"洁白朴素的生活"，坚持做到俭以养身，俭以养德。

第二，坚持以俭兴业。"历览前贤国与家，成由勤俭败由奢。"新中国成立伊始，以毛泽东同志为代表的中国共产党人就特别注重节俭，把节俭作为作风建设的重要内容，为恢复和发展国民经济、稳固新生政权提供坚强保障。

1950年2月，毛泽东同志访问苏联回国后在东北沿线视察工作，2月27日在哈尔滨市短暂停留。原松江省（松江省1954年与黑龙江省合并）和哈尔滨市的领导听说毛主席要来，喜不自胜，在吃、住等方面作了精心准备。晚上用餐时，毛泽东看到上桌的菜肴后皱了皱眉头，简单动了几筷子。饭后，他对负责接待的相关人员说："我们国家还很穷，不能浪费，

---

[1] 习近平：《领导干部要树立正确的世界观权力观事业观》（2010年9月1日），中共中央党校（国家行政学院）网站。

不能搞大鱼大肉、山珍海味。吃米饭和蔬菜就可以嘛！"毛主席还专门向他的警卫交代，今后吃饭务必要从简。

晚上，毛泽东被安排住在一栋别墅里。这栋别墅是西式建筑，以原木建造，富丽堂皇，堪称建筑瑰宝。但他对这一安排颇觉不适，甚至不愿意睡沙发床。他让警卫人员撤去沙发垫，换上了硬木板和旧军毯。他看看别墅四周说："这个地方不好啊，一个人住在这里，不沾染官僚主义才怪哩！"他问松江省负责同志现在是住洋房还是平房，负责同志回答："住洋房。"毛主席谆谆告诫，住洋房脱离群众，领导干部不要沾染官僚主义作风。

他在听取原松江省委和哈尔滨市委的情况汇报后提笔写下了"学习""奋斗"和"不要沾染官僚主义作风"几行字。这是新中国成立以后，毛主席第一次为地方省委题词。从当时党面临的严峻形势来看，毛主席的题词也是对全党同志提出的要求。[1]

如今，70多年过去了，毛泽东同志的做法和这些题词内容仍然具有现实意义。党员、党员干部从事的事业是党和人民的事业，任何时候都要坚持以俭兴业，不断满足人民群众对美好生活的追求。

（二）坚持厉行节约、勤俭办事

1960年10月，朱德作诗一首："从俭入奢易，从奢入俭难。勤俭建国家，永久是真言。"朱德的这首诗，其实就是我们党厉行节约、勤俭办一切事情的真实写照。

中央苏区时期，毛泽东同志就特别强调："应该使一切政府工作人员明白，贪污和浪费是极大的犯罪。反对贪污和浪费的斗争，过去有了些成绩，以后还应用力。节省每一个铜板为着战争和革命事业，为着我们的经

---

[1] 冯静武：《毛主席题词背后的故事》，《人民日报》（2018年7月17日），第18版。

济建设，是我们的会计制度的原则。"[1]

那时候中央机关领导"每天节约二两米，使前方红军吃饱饭，好打胜仗"，群众传唱"苏区干部好作风，自带干粮去办公；日着草鞋干革命，夜走山路访贫农"。由于敌人严密的经济封锁，苏区食盐、布匹、药材等日用必需品，稀缺而昂贵，油，更是奢侈品。

为节省用油，毛泽东定了个规矩：连以上单位晚上办公、开会只用一盏灯，可以用三根灯芯；不办公、不开会时则不用灯。平时，每个连部只留一盏灯，只用一根灯芯，以备急用。

按照这个规定，毛泽东同志夜晚办公可点三根灯芯，可他带头勤俭节约，只点一根灯芯，在昏暗的油灯下写出《中国的红色政权为什么能够存在？》《井冈山的斗争》等光辉著作，找到了一条真正适合中国革命发展的道路。

新中国成立后，面对积贫积弱、百废待兴的艰难局面，毛泽东同志提出了"勤俭建国"的方针。1955年，他在《中国农村的社会主义高潮》按语中指出："勤俭经营应当是全国一切农业生产合作社的方针，不，应当是一切经济事业的方针。勤俭办工厂，勤俭办商店，勤俭办一切国营事业和合作事业，勤俭办一切其他事业，什么事情都应当执行勤俭的原则。这就是节约的原则，节约是社会主义经济的基本原则之一。"[2]

毛泽东同志不仅这么要求全党同志，而且处处身体力行，以身示范。他的饮食生活素以简单随意著称，一日两餐或三餐，最多不过是四菜一汤的家常菜。平日粗茶淡饭，不吃山珍海味。

他有一双从新中国成立时开始穿的皮拖鞋。1965年在长沙，身边工作

---

[1] 毛泽东：《我们的经济政策》（1934年1月），《毛泽东选集》第1卷，北京：人民出版社，1991年6月第2版，第134页。

[2] 毛泽东：《〈中国农村的社会主义高潮〉按语选》（1955年9月、12月），《毛泽东文集》第6卷，北京：人民出版社，1999年6月第1版，第447页。

人员看到这双拖鞋破得实在不能再用了，就劝他换一双新的，毛泽东仍坚持补一补。

进入新时代，习近平总书记强调："要坚持勤俭办一切事业，坚决反对讲排场比阔气，坚决抵制享乐主义和奢靡之风。要大力弘扬中华民族勤俭节约的优秀传统，大力宣传节约光荣、浪费可耻的思想观念，努力使厉行节约、反对浪费在全社会蔚然成风。"[1]

"不困在于早虑，不穷在于早豫。"党员、党员干部特别是年轻干部要以毛泽东等老一辈无产阶级革命家为榜样，牢记习近平总书记重要指示要求，将厉行节约、勤俭办一切事情融入到推动党和人民事业的全过程中，积极做好应对各种艰难困苦局面的准备，在艰苦奋斗中赢得主动。

（三）坚持清正廉洁、抵制奢靡

"为政之要，曰公与清；成家之道，曰俭与勤"。清正廉洁，是共产党人的基本底线，也是对党员、党员干部的一贯要求。

2019年5月，习近平总书记在江西考察工作结束时的讲话，提到了"刘启耀背着金条乞讨"的故事。

刘启耀出生于江西省兴国县的一个偏远村庄，原本是一个撑竹排的工人。1928年，加入中国共产党，先后担任兴国县革命委员会交通联络员、兴国睦埠乡苏维埃政府主席等职。1931年10月，刘启耀调中共江西省委工作，1933年12月，当选为江西省苏维埃政府主席。1934年2月，当选为中华苏维埃共和国中央执行委员。

作为一名共产党员，无论是在兴国还是在省苏维埃政府工作期间，刘启耀都是一个节俭廉洁的好干部。

---

[1] 习近平：《把权力关进制度的笼子里》（2013年1月22日），《习近平谈治国理政》第1卷，北京：外文出版社，2014年10月第1版，第387页。

1934年10月，红军主力长征后，刘启耀率领部队奉命留守苏区，坚持游击战争。在宁都县一次战争中，他不幸左胸中弹晕了过去。醒来以后，跟组织失去联系的刘启耀，将党交给他保管的13根金条和一批首饰银元用小布包系在腰间，辗转遂川、万安、泰和一带流浪乞讨。

在流浪期间，他一边秘密寻找党组织，一边联系失散同志，经过两年的苦苦找寻，他终于找到了党组织，还找回了200多名失散的党员，并将经费分文不少地交回给了党组织。

1946年1月，由于残酷的斗争环境，刘启耀身患肺痨，大口大口地吐血，却始终不肯花分文寻医救治。弥留之际，他让人把他抬到"赣宁旅泰同乡会"的门前躺下，仰望延安方向，溘然长逝。

手握13根金条，宁愿流浪乞讨，也绝不打金条的任何主意！

再来看看现在有的领导干部的所作所为。2021年3月，中央纪委国家监委网站通报了环保部原总工程师万本太的违纪违法事实。

万本太置党中央关于抵制享乐主义、奢靡之风的要求于不顾，一边宣讲中央八项规定精神，一边顶风违纪，借调研检查之机公款旅游，并且热衷于各类高档饭局。甚至有的老板知道万本太曾在日本留过学，投其所好专门安排吃日本料理。

他廉洁自律底线失守，公私不分，大搞权力变现。用课题项目"送人情"，通过向相关人员打招呼的方式，先后将19名亲友安排到环保系统和环保企业工作。为企业站台"捞油水"，甚至于退休后还不收手，对于企业送上来的不菲"咨询费"，欣然笑纳。据他本人交代，其在退休近4年的时间里从各环保企业获得的"咨询费"几乎是其上班30余年全部工资的总和。

《中国共产党廉洁自律准则》对党员、党员领导干部廉洁自律规范作出了明确规定：

党员廉洁自律规范：

第一条　坚持公私分明，先公后私，克己奉公。

第二条　坚持崇廉拒腐，清白做人，干净做事。

第三条　坚持尚俭戒奢，艰苦朴素，勤俭节约。

第四条　坚持吃苦在前，享受在后，甘于奉献。

党员领导干部廉洁自律规范：

第五条　廉洁从政，自觉保持人民公仆本色。

第六条　廉洁用权，自觉维护人民根本利益。

第七条　廉洁修身，自觉提升思想道德境界。

第八条　廉洁齐家，自觉带头树立良好家风。

《中国共产党纪律处分条例》第一百三十四条规定：生活奢靡、贪图享乐、追求低级趣味，造成不良影响的，给予警告或者严重警告处分；情节严重的，给予撤销党内职务处分。

"奢靡之始，危亡之渐"。党员、党员干部要以刘启耀等模范人物为榜样，以万本太等反面典型为镜鉴，对照党规党纪，坚持廉洁从政、廉洁用权、廉洁修身、廉洁齐家，坚决抵制享乐主义、奢靡之风，永葆共产党人清正廉洁的政治本色。

四、培育积极健康的生活情趣

生活情趣，是一个人精神生活的追求，外在表现就是一个人的志趣和爱好等。每个人都有自己的生活情趣，领导干部也不例外。习近平总书记要求领导干部必须要"培育积极健康的生活情趣"。

（一）领导干部生活情趣非小事

普通人的生活情趣，只要不是违法的行为，那就完全是自己的"私事"。而领导干部则不一样，领导干部作为手握公权力的公众人物，其生活情趣既是"私事",又是"公事",在一定程度上体现着党的作风和形象。

早在2007年2月,时任浙江省委书记的习近平在《之江新语》中撰文指出:"领导干部的生活作风和生活情趣,不仅关系着本人的品行和形象,更关系到党在群众中的威信和形象,对社会风气的形成、对大众生活情趣的培养,具有'上行下效'的示范功能。"

习近平在文中还引用了两则历史典故。一则是《宋人轶事汇编》中的记载:钱俶进宝犀带,太祖曰:"朕有三条带,与此不同。"俶请宣示,上笑曰:"汴河一条,惠民河一条,五丈河一条。"俶大惭服。另一则是《南村辍耕录·缠足》中的记载:李后主嫔妃窅娘纤丽善舞,后主令窅娘以帛绕脚,素袜舞云中,回旋有凌云之态。"由是人皆效之,以纤弓为妙。以不为者为耻也"。

两则历史典故大意是说,钱俶向宋太祖进献宝贵的犀带,宋太祖婉言拒绝,钱俶听后十分惭愧,再也不敢做类似的事情了。南唐李后主的宠妃窅娘用帛布缠足,使双脚看起来非常纤小,李后主对其非常赏识,于是世人遂皆效仿。

这两则典故一正一反,说明了领导干部在事关生活情趣的细节上体现出来的态度,绝不是小事。所谓"上行下效、上率下行,上有所好、下必甚焉,上有所恶、下必不为,上面松一寸、下面松一尺",说的就是这个道理。

在我们党的历史上,也有很多类似于这样的事例。龙飞虎曾经是周恩来身边的第一保镖,革命战争年代跟随、守卫周恩来的安全长达11年。新中国成立后,历任中国人民解放军师政治委员、军副政治委员、福建军区后勤部部长、福州军区后勤部部长、福州军区副司令员、副政治委员、顾问。1955年被授予少将军衔。

有一次,时任福州军区副司令员的龙飞虎托人给总理送来一筐桔子,说请老首长尝个鲜。总理说:"你们问问这一筐多少钱?"秘书说25元,总理吩咐:"你给他寄50元去。"如此,龙飞虎以高出一倍的价钱"卖"

给总理一筐桔子，等于是"敲了"总理的"竹杠"，甚为惭愧，以后再也不敢给老首长送东西了。

周恩来对此事的坚决态度，给周围同志释放了明确的信号，龙飞虎及其他下属也得到了教训，于是类似事情少了，他本人也因此免为所扰。

周恩来不仅这样严格要求自己，还给家人和身边工作人员立下"规矩"，要求他们从点点滴滴做起，防微杜渐。早在新中国成立之初，他就专门召集家庭会议，定下"十条家规"：1.晚辈不能丢下工作专程进京看望；2.外地亲属进京看望，一律住国务院招待所，住宿费我们支付；3.一律到国务院机关食堂排队就餐，有工作的自付伙食费，没工作的我们代付；4.看戏以家属身份购票入场，不得享用招待券；5.不许请客送礼；6.不许动用公车；7.凡个人生活中自己能做的事，不要别人代劳，自我服务；8.生活要艰苦朴素；9.在任何场合都不能说出特有关系，不要炫耀自己；10.不谋私利，不搞特殊化。

现在一些领导干部蜕化变质，往往就是从生活作风不检点、生活情趣不健康开始的，往往就是从吃喝玩乐这些看似不起眼的小事开始的。山东省聊城大学原党委常委、副校长孙兰雨因犯受贿罪和贪污罪，被判处有期徒刑十二年。他在忏悔录中写道："千里之堤溃于蚁穴，从吃吃喝喝开始，糖衣炮弹击溃了我的思想防线，贪欲迷住了我的双眼。我利令智昏，贪得无厌，是私欲把我推入了万丈深渊。"[1]

《资治通鉴》中有句名言："尽小者大，慎微者著。"习近平总书记指出："小事小节是一面镜子，小事小节中有党性、有原则、有人格。"[2]

因此，领导干部生活情趣绝非小事，也不是"小节"，必须从小事小节上加强修养，从一点一滴中完善自己，始终做到不放纵、不越轨、不逾矩。

---

[1] 卢金增、李婧一：《孙兰雨："从吃喝开始，糖衣炮弹击溃了我的思想防线"》，中华人民共和国最高人民检察院网站，2017年11月21日。

[2] 《习近平参加重庆代表团审议》，央广网，2018年3月10日。

（二）领导干部生活情趣要健康

领导干部生活情趣非小事，是不是就意味着领导干部不应该有生活情趣？领导干部不但应该有生活情趣，而且还要鼓励领导干部培养健康的生活情趣。

积极健康的生活情趣，不仅可以陶冶情操、强健体魄，有助于涵养党性、砥砺心性，还有利于调适心理，调节和丰富业余生活，对工作也是促进。

在我们党的领导人中，毛泽东就比较喜欢游泳。毛泽东平时工作紧张，日理万机，又喜欢读书，身体得不到放松，休息也不好。他总结出独特的休息之方，那就是游泳。"游泳最大的好处是可以不想事，让大脑很好的休息。吃安眠药、散步、看戏、跳舞都不行，就是游泳可以做到，因为一想事就会下沉，就会喝水。"

1956年6月，毛泽东由武昌游泳横渡长江，到达汉口，写下了著名的《水调歌头·游泳》："才饮长沙水，又食武昌鱼。万里长江横渡，极目楚天舒。不管风吹浪打，胜似闲庭信步，今日得宽馀。子在川上曰：逝者如斯夫！风樯动，龟蛇静，起宏图。一桥飞架南北，天堑变通途。更立西江石壁，截断巫山云雨，高峡出平湖。神女应无恙，当惊世界殊。"

与毛泽东相比，邓小平不仅喜欢游泳，还喜欢打桥牌。只有在静中有动、动中有静的牌局中，他才有机会从千头万绪的工作事务中暂时摆脱出来，得到真正的放松和休息。1986年8月5日，邓小平会见日本自民党最高顾问二阶堂进。他在谈到个人身体状况时说："我测验自己的身体靠两条。一条是能不能下海，一条是能不能打桥牌。能打桥牌证明头脑还好，能下海证明体力还好。"

领导干部在培养自己的生活情趣时，一定要把握好两点：一是分清公与私，绝不能利用自己的公权力或影响力来培育自己的生活情趣。二是要克制自己的欲望，绝不能玩物丧志。

在如何对待自己兴趣爱好这个问题上，领导干部的楷模孔繁森为我们作出了表率。他热爱摄影，但不为名利，情系百姓，工作之余，用一个普通的相机，定格下对西藏的大情大爱，直到生命的最后一刻。

有些领导干部则截然相反，沉迷于爱好，公私不分，最终将爱好发展成为畸形的嗜好，不知不觉中走向了违纪违法的道路。河南省人大常委会原党组书记、副主任秦玉海同样也喜欢摄影，曾两次获中国摄影最高奖——金像奖，并成为中国摄影家协会理事。但是，秦玉海摄影名声的扩大，背后是多达数百万元的巨资投入。有资料显示，十余年间，秦玉海为摄影"烧"了很多钱，但是他"自己却从没有花过一分钱"，全由一些有求于他的单位和个人提供。北京某公司老板曹某就是其中之一。2007年至2014年6月，应曹某请求，秦玉海向云台山旅游公司打招呼，使曹某公司顺利承揽了云台山旅游公司在北京、南京、上海等城市的地铁广告业务；其间，秦玉海还帮该公司协调提高了广告费标准。仅此一项，曹某公司就获得广告费7685.5万元，利润率高达76%。[1]

由此可见，生活情趣就是一把"双刃剑"，关键就在于我们如何对待它。对于领导干部而言，自身的生活情趣必须要健康，而且要有节制，否则就容易走向歧途。领导干部当引以为戒。

（三）领导干部要时刻警醒自己

著名诗人陶渊明在《归去来兮辞》中写道："悟已往之不谏，知来者之可追。实迷途其未远，觉今是而昨非。"这首诗表达的就是一种要自我反思、时刻警醒的精神。

当今时代，领导干部面临的风险和挑战增多，面临的"糖衣炮弹"诱惑增多，更是应该时刻警醒自己。对此，习近平总书记强调指出："我们

---

[1] 贾瑞君：《梦断云台山——来自秦玉海受贿案的警示》，中国共产党新闻网，2016年7月8日。

共产党人应该有很强的反思精神，不断反省自己、完善自己。"[1]

耿飚是我们党历史上一位具有传奇色彩的革命人物。抗日战争时期，耿飚同志任八路军第 129 师 385 旅参谋长、副旅长兼副政治委员，率部驻守陇东，保卫党中央和陕甘宁边区，和当地群众结下了深厚的革命情谊，对这块革命黄土地充满感情。

1991 年，已从领导岗位退下来的耿飚赴革命老区，看望曾经血脉相连并肩战斗过的陇东人民。当晚，耿飚所住的县招待所门口人声鼎沸，老百姓从四面八方赶来看望他，但也有一部分群众是来找他告状的，怎么劝也不愿离去……

看到这种情景，耿飚心情十分沉重。在离开庆阳那天早晨，耿飚接见了县里主要领导，到场的还有甘肃省顾委负责同志。耿飚并没有就老百姓反映的问题批评任何人，只是现场给大家讲述了一段催人泪下的革命故事：

50 年前，我们 385 旅在这里驻防时，部队的一个战士犯了严重错误。旅部决定按纪律将该战士枪毙。当我们在操场上准备执行纪律时，来了一大群老百姓替那个战士求情。我坚决要执行纪律。谁知竟连受害者的父母都跪倒在地向我求情，紧接着一操场的群众全都跪倒，哭着请求饶了这个战士，让他戴罪立功。怎么劝他们也不起来。最后，我们流着泪接受了群众的请求。

讲到此处，耿飚话音一顿，环顾四周，大声问道："现在我要问问今天在座的你们这些人，不管哪一个，如果做错了事，老百姓还会不会替你们求情？"这时，全场鸦雀无声，只有耿飚的话在回荡。[2]

无独有偶，习近平也面临过同样的情况。1983 年夏，河北正定县农村，

---

[1] 习近平：《让井冈山精神放射出新的时代光芒》（2016 年 2 月 3 日），《论中国共产党历史》，北京：中央文献出版社，2021 年 2 月第 1 版，第 114 页。
[2] 文世芳：《振聋发聩的耿飚之问》，《共产党员应知的党史小故事》，北京：人民出版社，2019 年 7 月第 1 版，第 130—131 页。

一辆吉普车陷在泥泞里。有干部见村民走了过来，便请帮着推车。不料，见是当官的，村民不仅不推，嘴上还骂骂咧咧。那位干部正要发火，一旁的新任县委书记、年仅30岁的习近平一把拉住他，说："群众为什么骂人？应该反思我们自己。"

不久，在习近平同志主持下，正定县委出台了《关于改进领导作风的六项规定》，要求各级领导干部总揽全局，抓大事，谋大势；反对官僚作风，注重工作实效；搞好班子团结，维护班子统一；坚持以身作则，不搞不正之风；努力加强学习，不断提高领导水平；树立雄心壮志，为"四化"创优争先。这六项规定与现在的中央八项规定一脉相承，反映出以习近平同志为代表的中国共产党人自我反思、自我警醒的精神。

"老百姓还会不会替你们求情？""群众为什么骂人？"耿飚之问，振聋发聩。习近平总书记更是反思自己，立刻改进。领导干部特别是年轻干部应该以此为镜，时刻反思自己、时刻警醒自己。

只有时刻反思自己、时刻警醒自己，才能发现自己的缺点和不足，不断改进自己的工作；才能真正培育起积极健康的生活情趣，永葆共产党人清正廉洁本色；才能始终保持党的优良传统和作风，不断增进与人民群众的血肉联系。

第九章

做党的光荣传统和优良作风的忠实传人

党的光荣传统和优良作风是激励党员、党员干部特别是年轻干部坚定信念、凝聚力量、不畏艰难、勇往直前的宝贵精神财富。习近平总书记在2021年春季学期中央党校（国家行政学院）中青年干部培训班开班式上发表重要讲话，要求年轻干部"必须立志做党的光荣传统和优良作风的忠实传人。"[1]

一、增强传承党的优良传统和作风的自觉性

青年时期的毛泽东在《体育之研究》中有一句名言：坚实在于锻炼，锻炼在于自觉。他成为党的领袖后，在党的七大上作闭幕词时指出，要使全党和全国人民建立起革命必胜的信心，"首先要使先锋队觉悟，下定决心，不怕牺牲，排除万难，去争取胜利。"[2]

新时代党员、党员干部特别是年轻干部立志做党的光荣传统和优良作风的忠实传人，首先要增强传承党的光荣传统和优良作风的自觉性。

（一）增强政治自觉

党的光荣传统和优良作风是党的宗旨性质的集中体现，是党在长期历史中形成的宝贵经验的总结提炼，承载着共产党人的初心使命。党要始终得到人民群众支持和拥护，就必须持之以恒发扬光荣传统和优良作风。

在1962年召开的七千人大会上，邓小平同志在讲话中概括了我们党的五个优点，其中第四个优点就是"有好的传统，有好的作风"。邓小平

---

[1]《习近平在中央党校（国家行政学院）中青年干部培训班开班式上发表重要讲话强调　立志做党光荣传统和优良作风的忠实传人　在新时代新征程中奋勇争先建功立业》，《人民日报》，2021年3月2日，第1版。
[2] 毛泽东：《愚公移山》（1945年6月11日），《毛泽东选集》第3卷，北京：人民出版社，1991年6月第2版，第1101页。

指出："坚持党的优良的传统作风，具有十分重要的意义，因为我们党是一个执政党。""执了政，党的责任就加重了，共产党员的责任就加重了，我们领导干部的责任就加重了。我们要负担什么责任呢？在过去我们无非是闹革命，革命胜利以后，我们党执了政，掌了权，就要担负起把国家引导到社会主义道路去和进行建设的艰巨任务。"[1]

2021年2月，习近平总书记在党史学习教育动员大会上强调，要"用党的光荣传统和优良作风坚定信念、凝聚力量"[2]。

党员、党员干部特别是年轻干部必须要认真学习邓小平、习近平等党的领袖关于党的光荣传统和优良作用的重要论述，站在加强作风建设、践行初心使命，巩固执政基础、实现执政使命的高度，从政治上深刻认识、准确把握增强传承党的光荣传统和优良作风的重大意义。

要深入学习习近平新时代中国特色社会主义思想，同学习和弘扬党的光荣传统和优良作风贯通起来，深刻领悟党的创新理论的真理力量、实践力量、人格力量，不断提高政治判断力、政治领悟力、政治执行力，为推进党和人民事业提供坚强保障。

（二）增强思想自觉

北宋著名思想家张载所撰《经学理窟》一书中写道："欲事立，须是心立。"意思就是说，若想要所致力之事取得成功，必须先下定决心、坚定信念。

思想是行动的先导，只有认识到位，行动才会自觉。毛泽东同志曾经指出："掌握思想教育，是团结全党进行伟大政治斗争的中心环节。如果

---

[1] 邓小平：《在扩大的中央工作会议上的讲话》（1962年2月6日），《邓小平文选》第1卷，北京：人民出版社，1994年10月第2版，第303页。

[2]《习近平在党史学习教育动员大会上强调　学党史悟思想办实事开新局　以优异成绩迎接建党一百周年》，《人民日报》，2021年2月21日，第1版。

这个任务不解决，党的一切政治任务是不能完成的。"[1]

在革命、建设、改革各个历史时期，有无数共产党人为了党和人民事业英勇牺牲了，支撑他们的就是"革命理想高于天"的思想力量。"成千上万的先烈，为着人民的利益，在我们的前头英勇牺牲了，让我们高举起他们的旗帜，踏着他们的血迹前进吧！"[2]

人无精神则不立，国无精神则不强。唯有思想上、精神上站得住、站得稳，一个人、一个民族才能在风险挑战中屹立不倒、挺立潮头。党员、党员干部特别是年轻干部要在思想上高度重视传承党的光荣传统和优良作风的重大意义，并将其作为加强自身思想建设的重要内容。

党员、党员干部特别是年轻干部要通过学习和弘扬党的光荣传统和优良作风，坚定理想信念，始终牢记宗旨，挺起共产党人的精神脊梁，解决好世界观、人生观、价值观这个"总开关"问题，自觉做共产主义远大理想和中国特色社会主义共同理想的坚定信仰者和忠实实践者。

（三）增强行动自觉

"如果有了正确的理论，只是把它空谈一阵，束之高阁，并不实行，那末，这种理论再好也是没有意义的。"[3] 理论联系实际本身就是党的优良作风之一。党员、党员干部特别是年轻干部学习和弘扬党的光荣传统和优良作风，最终要落实到行动上。

习近平总书记在中央党校（国家行政学院）2019年春季学期中青年干

---

[1] 毛泽东：《论联合政府》（1945年4月24日），《毛泽东选集》第3卷，北京：人民出版社，1991年6月第2版，第1094页。

[2] 毛泽东：《论联合政府》（1945年4月24日），《毛泽东选集》第3卷，北京：人民出版社，1991年6月第2版，第1098页。

[3] 毛泽东：《实践论》（1937年7月），《毛泽东选集》第1卷，北京：人民出版社，1991年6月第2版，第292页。

部培训班开班式上，勉励广大党员、党员干部特别是年轻干部要坚持知行合一、真抓实干，"要做起而行之的行动者、不做坐而论道的清谈客，当攻坚克难的奋斗者、不当怕见风雨的泥菩萨。"[1]

那么党员、党员干部特别是年轻干部应该如何践行党的光荣传统和优良作风？2018年9月，习近平总书记在东北三省考察并主持召开深入推进东北振兴座谈会时的讲话给出了明确答案，他指出："雷锋是时代的楷模，雷锋精神是永恒的。实现中华民族伟大复兴，需要更多时代楷模。我们既要学习雷锋的精神，也要学习雷锋的做法，把崇高理想信念和道德品质追求转化为具体行动，体现在平凡的工作生活中，作出自己应有的贡献，把雷锋精神代代传承下去。"[2]

这就是说党员、党员干部特别是年轻干部要传承党的光荣传统和优良作风，要把学习精神和行动做法有机统一起来，既要学习精神，又要学习做法，最终要把党的光荣传统和优良作风中体现出来的崇高理想信念和道德品质转化为具体的行动，体现在平凡的工作生活中，不断创造更加辉煌的业绩。

二、善于从党的光荣传统和优良作风中汲取力量

党的光荣传统和优良作风是百年党史的精华，可以说是共产党人滋养初心、淬炼灵魂、强化作风的营养剂。

2020年4月，习近平总书记在陕西考察工作谈到如何弘扬延安精神时

---

[1] 习近平：《广大干部特别是年轻干部要做到信念坚、政治强、本领高、作风硬》（2019年3月1日），《习近平谈治国理政》第3卷，北京：外文出版社，2020年6月第1版，第522页。

[2] 习近平：《革命精神是党和国家的宝贵财富》（2013年11月—2020年11月），《论中国共产党历史》，北京：中央文献出版社，2021年2月第1版，第38页。

说，要"从中汲取信仰的力量、查找党性的差距、校准前进的方向"。这为党员、党员干部特别是年轻干部从党的光荣传统和优良作风中汲取力量指明了方向，提供了遵循。

（一）汲取信仰的力量

对马克思主义的信仰，对社会主义和共产主义的信念，是共产党人的政治灵魂。

习近平总书记将这种信仰比作共产党人精神上的"钙"，强调这是共产党当人安身立命的根本。没有信仰，信仰不坚定，精神上就会"缺钙"，就会得"软骨病"，就会在风雨面前东摇西摆。

共产主义信仰的力量有多强大？强大到可以用生命来捍卫。在我们党一百年的奋斗历程中，就有成千上万的烈士为了共产主义信仰献出了宝贵生命，为我们留下了"砍头不要紧，只要主义真""敌人只能砍下我们的头颅，决不能动摇我们的信仰""头可断，血可流，绝不复工"等可歌可泣的英雄事迹。

中国共产主义运动的先驱、中国共产党的主要创始人之一李大钊就是其中的杰出代表。1917年俄国社会主义革命胜利后，李大钊率先在中国系统地宣传马克思主义。他连续发表了《庶民的胜利》《布尔什维主义的胜利》等文章，断言"试看将来的环球，必是赤旗的世界！"

1920年秋，李大钊领导建立了北京的共产党早期组织，并积极推动建立全国范围的共产党组织。1926年3月，李大钊领导并亲自参加了反对日、英帝国主义和反对军阀张作霖、吴佩孚的斗争。1927年4月，李大钊被军阀张作霖逮捕。4月28日，他第一个登上绞刑台，慷慨赴义，年仅38岁。他在《狱中自述》公开昭示："钊自束发受书，即矢志努力于民族解放之事业，实践其所信，励行其所知。"

李大钊同志传播马克思主义的活动，以及为共产主义信仰献身的精神，影响并感染了一大批时代青年，青年毛泽东就是其中之一。毛泽东后来和斯诺深情感怀："我在李大钊手下担任国立北京大学图书馆助理员的时候，曾经迅速地朝着马克思主义的方向发展"，"他是我真正的老师"。

"志不立，天下无可成之事。"新时代党员、党员干部特别是年轻干部要从党的光荣传统和优良作风中汲取信仰的力量，坚定马克思主义信仰，坚守共产党人的精神家园，增强"四个意识"、坚定"四个自信"、做到"两个维护"，始终在政治立场、政治方向、政治原则、政治道路上同党中央保持高度一致，坚定不移为实现党的奋斗目标而努力奋斗。

（二）查找党性的差距

党性是党员、党员干部立身、立业、立言、立德的基石。共产党员的党性不是随着党龄增长和职务提升而自然提高的，因此加强党性修养是党员、党员干部一生的必修课。

新时代党员、党员干部加强党性修养，要善于对照党的光荣传统和优良作风，从中查找党性的差距。在这方面，习近平总书记为我们做出了表率。

2013年7月，习近平总书记在河北调研指导党的群众路线教育实践活动时指出："西柏坡我来过多次，每次都怀着崇敬之心来，带着许多思考走。我们这一代人，出生在新中国成立后不久，是在红旗下长大的，对党、对国家、对人民感情很深，对我们党的光荣历史和优良作风印象很深。每到井冈山、延安、西柏坡等革命圣地，都是一次精神上、思想上的洗礼。每来一次，都能受到一次党的性质和宗旨的生动教育，就更加坚定了我们的公仆意识和为民情怀。"[1]

---

[1] 习近平：《中国革命历史是最好的营养剂》（2013年7月11日、12日），《论中国共产党历史》，北京：中央文献出版社，2021年2月第1版，第24页。

每次到西柏坡，习近平想得最多的是，毛泽东同志当年提出"两个务必"，主要是基于哪些考虑？我们学的还有没有不深、不透的？在当前形势下我们能不能深刻领会并使之更好指导党的建设？对此，他要求每个党员、党员干部都应该自觉来一番总结和反思。

西柏坡纪念馆内，习近平久久驻足在一块展板面前，上面写着："根据毛泽东的提议，全会作出六条规定：一、不做寿；二、不送礼；三、少敬酒；四、少拍掌；五、不以人名作地名；六、不要把中国同志同马恩列斯平列。"

习近平一一对照着说："不做寿，这条做到了；不送礼，这个还有问题，所以反'四风'要解决这个问题；少敬酒，现在公款吃喝得到遏制，关键是要坚持下去；少拍掌，我们也提倡；不以人名命名地名，这一条坚持下来了；第六条，我们党对此有清醒的认识……"

党员、党员干部要以习近平总书记为榜样，经常对照党的光荣传统和优良作风，查找一下自身在对党忠诚、理论联系实际、密切联系群众、批评与自我批评、敢于斗争、艰苦奋斗等方面存在的差距，不断接受教育、接受洗礼，不断提高党性修养，确保始终坚持正确政治方向，站稳政治立场。

（三）校准前进的方向

方向决定前途，道路决定命运。政治方向是党生存发展第一位的问题，事关党的前途命运和事业兴衰成败。习近平总书记谈到政治方向的重要性时，提到了长征中的一个故事。

红军过草地的时候，伙夫同志一起床，不问今天有没有米煮饭，却先问向南走还是向北走。这说明在红军队伍里，即便是一名炊事员，也懂得方向问题比吃什么更重要。

这个故事中，"向南走"还是"向北走"的不同，不仅仅是部队行进方向的不同，更是政治路线和政治方向的分歧。正如红四方面军总指挥徐向前元帅后来回忆指出：

"党的北进方针，不是随心所欲的决定，而是基于一定的历史环境和党所面临的任务而形成的马克思主义的方针。当时，正是日本帝国主义加紧侵略我国，中华民族同日本侵略者的民族矛盾日益上升，并变动着国内阶级关系的时期。日本帝国主义者继武装侵占我东北三省、河北北部、察哈尔省北部后，进而制造'华北事件'，发动所谓'华北五省自治运动'和冀东'自治'，公然声称要独霸全中国。'落后'的北方，一扫万马齐暗的局面，掀起抗日救亡的怒涛。蒋介石的不抵抗主义和'攘外必先安内'的反动政策，不仅愈益被广大人民所反对，同时也引起了统治阶级营垒内部一些爱国人士的不满。党中央和毛泽东同志从粉碎蒋介石的'灭共'计划，保存和发展红军力量，使党和红军真正成为全民族抗日斗争的领导力量和坚强支柱这一基本目的出发，确定北进川陕甘地区，创造革命根据地，进而发展大西北的革命形势，是完全正确的。"

新民主主义革命的胜利验证了"向北走"的无比正确性。倘若当初在方向问题上发生偏差，那么中国革命必然会遭受巨大挫折，也就没有我们今天的大好局面。

新时代，党员、党员干部面临着复杂多变的国内外形势，以及权力、金钱、美色的诱惑，定力不足，就会迷失方向，走上违纪违法的道路。这就要求党员、党员干部在前进的道路上，要经常学习和弘扬党的光荣传统和优良作风，从中校准前进方向，确保始终沿着正确方向前进。

三、努力在新时代新征程中奋勇争先建功立业

新时代是奋斗者的时代。党员、党员干部特别是年轻干部作为党和国家事业的接班人，必须要立志做党的光荣传统和优良作风的忠实传人，在新时代全面建设社会主义现代化国家新征程中奋勇争先、建功立业。

（一）不断增强意志力、坚忍力、自制力

习近平总书记在2021年春季学期中央党校（国家行政学院）中青年干部培训班开班式上的讲话，要求年轻干部要"不断增强意志力、坚忍力、自制力"。

第一，要不断增强意志力。意志力是一种为实现理想目标而矢志不渝奋斗的力量。"咬定青山不放松，立根原在破岩中""敌军围困万千重，我自岿然不动"，说的就是意志力。

在我们党的百年历史中，涌现出了一批意志坚定的革命者。我们党早期领导人之一、革命烈士陈延年（党的主要创始人之一陈独秀长子）就是其中代表之一。

1922年6月，24岁的陈延年与赵世炎、周恩来等一起创建旅欧共产主义组织——中国少年共产党，并担任宣传部长。同年秋，加入法国共产党，不久转为中国共产党党员。

在国共合作的大革命中，以陈独秀为首的党中央对国民党右派的进攻，采取了妥协退让政策。陈延年坚决反对，他以中共广东区委的名义报告党中央，要求中央坚决抛弃对国民党右派的妥协退让政策，并表示虽然自己和陈独秀是父子关系，"但我是共产党员，我坚决反对妥协退让的右倾机会主义错误"。

"四一二"反革命政变后，在极为严重的白色恐怖笼罩下的上海，陈延年和赵世炎等不顾危险，部署工作，寻找失散的同志，恢复和重建党的组织，积极开展斗争。

1927年6月26日，陈延年遭国民党军警逮捕。敌人为了得到上海中共党组织的秘密，对陈延年用尽酷刑，将他折磨得体无完肤，逼迫他供出上海党的组织。但陈延年以钢铁般的意志，严守党的机密，宁死不屈。敌人无计可施，从他身上得不到任何东西，决定将他杀害。

7月4日，陈延年被押赴龙华刑场。面对敌人的屠刀，他昂首挺胸，

视死如归。敌人喝令他跪下,他巍然屹立,大声说:"革命者只有站着死,绝不下跪!"刽子手听罢一拥而上,挥刀向他猛砍。但,血肉飞溅的陈延年久久挺立不倒……陈延年牺牲时年仅29岁。

"革命者只有站着死,绝不下跪",这就是共产党人的意志力。新时代党员、党员干部特别是年轻干部要以革命先烈为镜,从党的光荣传统和优良作风中汲取力量,不断筑牢信仰之基、补足精神之钙、把稳思想之舵,任何时候任何情况下都不改其心、不移其志、不毁其节,以坚定的意志力砥砺对党和人民的赤诚忠心。

第二,要不断增强坚忍力。坚忍力是一种不屈不挠、坚韧不拔的力量。"穷且益坚,不坠青云之志""黄沙百战穿金甲,不破楼兰终不还",说的就是坚忍力。

1960年冬的一个晚上,大雪纷飞,陈毅辗转难眠,起身写下了若干小诗,其中一首就是著名的《青松》:"大雪压青松,青松挺且直。要知松高洁,待到雪化时。"这首诗描写的就是共产党人百折不挠、愈挫弥坚的精神,而陈毅本人也是其中的典型代表。

1934年10月,中央红军长征时,陈毅因伤被留下,领导了南方三年游击战争。在极端艰苦并与党中央失去联系的情况下,陈毅带领队伍同敌人周旋苦斗,打破敌人一次次军事"清剿"和经济封锁,历尽艰险和生死考验。

1936年冬天,陈毅在梅山被围二十余日,生命安危,系于一发。他写下了《梅岭三章》,其中第一章内容为:"断头今日意如何?创业艰难百战多。此去泉台招旧部,旌旗十万斩阎罗。"这表达了他在险恶环境中百折不挠、革命到底的坚定决心。

在三年艰苦的游击战争中,即使是在陷入绝境的情况下,陈毅仍然坚定地对部下说:"红军的干部战士都应该是革命的英雄。胜利的时候要当英雄,困难的时候更要当英雄。""党交给我个人的任务就是在这里坚持游击战争,就是剩下我一个人还要干,共产党的红旗不会倒,革命的火种是扑灭不了的,毛委员在井冈山时就说过'星星之火,可以燎原',我们的火种一定会烧遍万里江山!"

"困难的时候更要当英雄""就是剩下我一个人还要干",这就是共产党人的坚忍力。新时代党员、党员干部特别是年轻干部要从党的先进模范人物和光荣传统和优良作风中汲取力量,敢于直面困难,以百折不挠、坚韧不拔的斗志,主动承担急难险重任务,积极化解各种复杂矛盾,做到事不避难,敢于担当,在新征程中留下许党报国的奋斗足迹。

第三,要不断增强自制力。自制力是一种自我调节、自我约束、自我控制的力量。"举世混浊而我独清,众人皆醉而我独醒""出淤泥而不染,濯清涟而不妖",说的就是自制力。

在我们党的历史上,周恩来就是一位具有高度自制力的典范。1973年10月,周恩来陪同来访的加拿大总理一行到河南洛阳参观。此时的周恩来正患癌症,身体极为虚弱。但是他向来具有超强的自制力,只要是出现在公开场合,总是及时调整好自己的精神状态。所以尽管十分疲倦,但他下车向欢迎的群众挥手致意时依然笑容满面,充满对人民的炽烈感情。

在参观龙门石窟时,周恩来遇到了自己十分喜爱的魏碑拓片。得知销售价格为500元,周恩来问身边同志有没有带钱,可是大家伙把手里的钱都凑一块,还是不够。身为大国总理,却如此"寒酸",旁边的市委领导看不下去了,提出免费送周恩来一套。周恩来立即警觉起来,非常严肃地批评了这位领导:"你这个同志,怎么这样讲!国家的财产怎么能送人!"最终周恩来依依不舍离去。

新时代党员、党员干部特别是年轻干部面临着各方面压力和诱惑,如果自制力不强,不仅精神状态会下滑,承担不起党和人民赋予的重任,还会被"糖衣炮弹"击中,成为党和人民的罪人。

对此,习近平总书记对党员、党员干部提出明确要求:"要慎独慎初慎微慎欲，培养和强化自我约束、自我控制的意识和能力，做到'心不动于微利之诱，目不眩于五色之惑'。"[1]

因此，新时代党员、党员干部特别是年轻干部要注重经常从党的光荣传统和优良作风中汲取力量，不断增强自制力，始终保持昂扬向上的精神状态，始终保持艰苦奋斗的顽强作风，始终保持清正廉洁的政治本色。

（二）不断锤炼忠诚干净担当的政治品格

忠诚干净担当，是党员、党员干部从政之基、立身之本。习近平总书记强调："新时代，我们党要团结带领人民实现'两个一百年'奋斗目标、实现中华民族伟大复兴的中国梦，必须贯彻新时代党的组织路线，努力造就一支忠诚干净担当的高素质干部队伍。"[2]

党员、党员干部要从党的光荣传统和优良作风中，汲取对党忠诚、个人干净、敢于担当的养分，不断锤炼忠诚干净担当的政治品格。

忠诚，就是学习革命先烈和模范人物对党忠诚的事迹，增强信仰、坚定信念，始终做到心中有党、绝对忠诚，关键时刻靠得住。

干净，就是学习党的领袖和模范人物廉洁奉公、勤俭朴素的优良作风，增强定力、一尘不染，始终做到艰苦奋斗、廉洁自律，保持同人民群众的血肉联系。

担当，就是要学习党的光荣传统和优良作风蕴含的斗争精神和奋斗精神，牢记责任、恪尽职守，始终做到敢于担当、善于担当，高标准、高质量完成党和人民赋予的使命。

---

[1]《习近平参加重庆代表团审议》，央广网，2018年3月10日。
[2] 习近平：《努力造就一支忠诚干净担当的高素质干部队伍》，中国政府网，2019年1月16日。

（三）不断实现人民对美好生活的向往

回顾我们党百年历史，其实就是一部践行党的初心使命的历史，就是一部党与人民心连心、同呼吸、共命运的历史。

党员、党员干部学习和弘扬党的光荣传统和优良作风，就是要从中读懂"人民就是江山，江山就是人民"的深刻内涵，牢固树立全心全意为人民服务的宗旨意识，坚持以人民为中心的发展思想，一切为了人民、一切依靠人民，始终把人民放在心中最高位置，把人民对美好生活的向往作为奋斗目标。

"一切空话都是无用的，必须给人民以看得见的物质福利。"[1] "让群众得到看得见、摸得着的实惠。"[2] 党员、党员干部要把学习党的光荣传统和优良作风同总结经验、观照现实、推动工作结合起来，同解决实际问题结合起来，将学习的效果体现在为群众办实事、解难题的成效上，推动改革发展成果更多、更公平惠及全体人民，不断实现人民对美好生活的向往。

---

[1] 毛泽东：《经济问题与财政问题（节选）》（1942年12月），《毛泽东文集》第2卷，北京：人民出版社，1993年12月第1版，第467页。
[2] 习近平：《让群众得到看得见、摸得着的实惠》，新华网，2013年3月6日。

参考文献

1. 《马克思恩格斯选集》，北京：人民出版社，2012年9月第3版。
2. 《列宁选集》，北京：人民出版社，2012年9月第3版修订版。
3. 《毛泽东选集》第1—4卷，北京：人民出版社，1991年6月版。
4. 《邓小平文选》第1卷、第2卷，北京：人民出版社，1994年10月第2版。
5. 《邓小平文选》第3卷，北京：人民出版社，1993年10月第1版。
6. 《习近平谈治国理政》第1卷，北京：外文出版社，2014年10月第1版。
7. 《习近平谈治国理政》第2卷，北京：外文出版社，2017年11月第1版。
8. 《习近平谈治国理政》第3卷，北京：外文出版社，2020年6月第1版。
9. 《毛泽东文集》第2卷，北京：人民出版社，1993年12月第1版。
10. 《毛泽东文集》第3卷，北京：人民出版社，1996年8月第1版。
11. 《毛泽东文集》第6卷、第7卷、第8卷，北京：人民出版社，1999年6月第1版。
12. 习近平：《论中国共产党历史》，北京：中央文献出版社，2021年2月第1版。
13. 《习近平关于"不忘初心、牢记使命"重要论述选编》，北京：党建读物出版社、中央文献出版社，2019年5月第1版。
14. 中共中央党史研究室著：《中国共产党历史》第一卷，北京：中共党史出版社，2011年1月第2版。

15. 中共中央党史研究室著：《中国共产党历史》第二卷，北京：中共党史出版社，2011年1月第1版。

16. 中共中央党史研究室著：《中国共产党的九十年》，北京：中共党史出版社、党建读物出版社，2016年6月第1版。

17. 龙新民、张静如主编：《中国共产党90年史话》，北京：中共党史出版社、中国书籍出版社，2015年5月第1版。

18. 曲青山、吴德刚主编：《初心一叶：党史中的人与事》，北京：中共党史出版社，2019年5月第1版。

19.《共产党员应知的党史小故事》，北京：人民出版社，2019年7月第1版。